GUYOT-DAUBÈS

L'ART DE PASSER AVEC SUCCÈS

LES EXAMENS

— EXAMINATEURS — L'ART DE RÉPONDRE — FRAUDES ET TRUCS — LES COLLES !

PARIS

BIBLIOTHÈQUE D'ÉDUCATION ATTRAYANTE

PHYSIQUE ET INTELLECTUELLE

166, Boulevard Montparnasse, 166

1889

L'ART DE PASSER AVEC SUCCÈS

LES EXAMENS

L'ART DE PASSER

AVEC SUCCÈS

LES EXAMENS

PAR

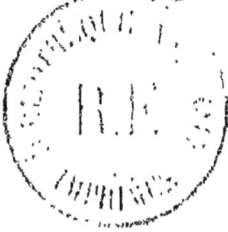

GUYOT-DAUBÈS

———

LES EXAMINATEURS — L'ART DE RÉPONDRE
FRAUDES ET TRUCS
LES COLLES

PARIS

BIBLIOTHÈQUE D'ÉDUCATION ATTRAYANTE

PHYSIQUE ET INTELLECTUELLE

166, Boulevard Montparnasse, 166

1889

PRÉFACE

Tout le travail, toutes les fatigues, toutes les peines et les ennuis supportés par les jeunes gens dans le cours de leurs études, ont généralement pour objet, pour espoir, on peut dire, la réussite à des examens.

L'organisation scolaire à tous ses degrés est faite dans ce sens.

C'est à la suite d'examens ou de concours qu'on entre dans la plupart de nos grandes écoles, c'est par des épreuves de ce genre qu'on acquiert les diplômes de fin d'étude, les titres, les grades en vue desquels l'effort a été entrepris.

Nombre de professions ne peuvent être exercées que par les titulaires d'un diplôme ainsi obtenu.

Un échec dans un examen est non seulement pénible, mais occasionne toujours une perte d'argent, de travail et de temps, perte souvent irréparable.

En raison de cette influence des examens sur tout le cours de la vie, les jeunes gens ont évidemment un intérêt capital à se prémunir contre les ennuis d'un insuccès.

Sous ce rapport l'enseignement officiel peut être complété.

En vue même de cet enseignement à tous ses degrés et surtout en vue des examens qui s'y rapportent, nous avons publié précédemment un premier travail sur la mémoire (1), son rôle dans l'éducation et dans les examens, dans lequel nous avons montré qu'il est possible d'augmenter considérablement, par une utilisation rationnelle, la puissance de cette faculté.

Nous avons ensuite indiqué dans un autre

(1) *L'art d'aider la Mémoire pour apprendre sans efforts, ne jamais oublier.* — Cinquième édition — Un volume in-18 de 244 pages — prix franco 3 fr. 25.

volume, comment par l'emploi d'une bonne méthode (1) de travail intellectuel, on peut préparer un examen avec sécurité; ou encore comment il est possible, lorsque le temps fait défaut, d'arriver par une préparation hâtive, accélérée, à regagner le temps perdu.

Dans l'ouvrage que nous présentons aujourd'hui, nous étudions les diverses causes qui, en dehors des connaissances acquises peuvent cependant avoir une influence plus ou moins considérable sur le résultat d'un examen ou d'un concours.

Dans ce petit volume comme dans les précédents, nous nous sommes proposé de faciliter la tâche des jeunes gens, de rendre moins pénibles pour eux les efforts exigés par l'éducation et en dernier lieu, nous avons voulu les mettre à même de pouvoir

(1) *La Méthode dans l'Etude et dans le travail intellectuel.* — Comment on prépare un examen. — Un volume in-18 de 220 pages — prix franco 3 fr. 25.

franchir avec toutes les chances possibles de succès, les examens qu'ils auront à subir.

CHAPITRE I

CONCOURS ET EXAMENS.

Importance des concours et des examens. — Les chances de réussir. — Le savoir ne suffit pas. — Entre camarades. — Résultats imprévus. — Causes secondaires favorables ou défavorables. — L'art de passer les examens.

Il est incontestable que les chances de réussite du candidat en vue des épreuves d'un concours ou d'un examen seront d'autant plus grandes qu'il aura mieux et plus travaillé, que les connaissances qu'il aura acquises seront plus complètes.

Des études sérieuses sont le meilleur moyen pour le candidat, de pouvoir répondre d'une façon satisfaisante aux questions des examinateurs.

Cependant, le savoir seul ne suffit pas ; l'expérience journalière le démontre.

1.

Il peut arriver, par exemple, qu'un jeune homme ayant fait d'excellentes études, ayant été toujours parmi les premiers de sa classe, se présente avec confiance à un examen qui, pense-t-il, viendra sanctionner ses efforts ; à sa grande surprise, à la consternation de ses parents et de ses amis, il échoue, il est refusé.

A côté de lui, un autre camarade moins instruit, ayant fait de moins bonnes études, ayant moins travaillé, réussit, au contraire, dans les mêmes épreuves.

Cette différence de résultat tient à ce que, il y a d'abord dans tous les examens une question de hasard pour le candidat, relativement aux questions qui lui seront posées et auxquelles il sera à même de répondre plus ou moins bien.

D'un autre côté, les examinateurs qui ont à se prononcer après une épreuve de quelques minutes sur des résultats acquis par plusieurs années de travail, jugent le candidat non seulement par le sens de ses réponses, mais aussi par l'impression qu'il leur aura produite.

Il est évident que l'examinateur le plus impartial sera porté à majorer la note du candidat qu'il aura interrogé, si celui-ci lui a plu par sa bonne tenue, sa bonne diction, la bonne présentation de ses réponses.

Probablement, au contraire, il mettra une moins bonne note au candidat, chez qui il aura remarqué une tenue ou une diction défectueuses, ou qui lui aura déplu par quelque maladresse ou par quelque bévue.

Le candidat augmente donc incontestablement ses chances de succès en observant certaines règles, en évitant certains dangers, en se tenant en garde contre quelques fautes de divers genres qu'il est exposé à commettre.

Toutes ces choses, bien qu'indépendantes du réel savoir, ont cependant une énorme influence sur le résultat de l'examen et le candidat doit connaître celles qui peuvent lui être favorables et être prémuni contre les causes d'insuccès.

C'est l'étude de ces diverses questions qui constitue « l'art de passer les examens. »

CHAPITRE II

LE HASARD.

L'éventualité des interrogations. — Chance et malchance. — Les questions bien sues. — Un bon examinateur. — Moyens de combattre le hasard. — Les succès inespérés.

Le hasard, disons-nous, a une très grande importance dans les examens.

Il peut arriver, par exemple, qu'un candidat instruit soit interrogé sur une question qu'il connaît d'une façon imparfaite ou qu'il a mal comprise, alors qu'il est incontestablement très fort sur l'ensemble de la branche d'études dont elle fait partie.

Le hasard peut faire échouer même un candidat parfaitement préparé.

Inversement, un candidat notoirement « faible » peut avoir la chance d'être interrogé sur une question qu'il a étudiée par accident ou qu'il a jadis copiée à titre de pensum, et il peut répondre avec succès et passer un brillant examen.

Autrefois, dans quelques facultés, les élèves passaient à l'oral du baccalauréat, par fournées de quinze et il était de règle de n'en recevoir sur ce nombre que huit ou dix. Dans ce cas, un élève de force moyenne était reçu s'il passait dans un groupe où dominaient les candidats faibles, mais il était sûr d'être refusé, au contraire, si sa fournée était composée en majorité de candidats instruits.

L'influence du hasard est encore évidente lorsqu'on voit des candidats qui, ayant échoué une première fois à un examen, se présentent de nouveau et échouent encore, mais sur une matière toute autre que celle qui avait motivé leur premier échec.

Un candidat, par exemple, ayant une première fois passé avec succès l'examen écrit, mais n'ayant pu franchir l'examen oral, peut échouer la seconde fois sur une matière qui, à son premier examen lui aura valu une très bonne note.

Dans les examens dits de l'Hôtel-de-Ville, se faisant en trois épreuves successives, nous avons

vu une jeune fille fort intelligente passer avec
succès la première et la seconde série d'épreuves, échouer à l'oral pour une question mal comprise, puis se présentant une troisième fois,
échouer dans la première série des épreuves.

Or, il est évident que la jeune fille n'était
pas moins instruite la deuxième et la troisième
fois qu'elle se présentait à l'examen, qu'antérieurement ; dans ses deux derniers échecs, elle
n'était qu'une victime du hasard.

Dans le concours d'admission à l'école polytechnique, les épreuves sont également successives ; une première, notamment, vise l'admissibilité au concours définitif. Par une déci-
sion ministérielle, les candidats déclarés admis-
sibles mais n'ayant pas au concours une place,
un rang, leur donnant entrée à l'École doivent,
s'ils se présentent l'année suivante, subir de nouveau l'examen d'admissibilité.

Or, il arrive fréquemment que des candidats
admis une première et une seconde fois, échouent
une troisième année et voient réussir près d'eux
des camarades qui avaient obtenu un rang inférieur dans les concours précédents.

Cette alternative de succès et d'échecs sur la

même matière, par un même candidat, démontre surabondamment que, dans les examens, la question de hasard tient une place considérable.

S'il nous a semblé utile d'insister sur l'influence du hasard dans les examens, et sur la possibilité d'un insuccès venant d'une interrogation ou une composition sur un sujet que le candidat a négligé d'apprendre ou d'approfondir, c'est afin de montrer le péril d'une préparation incomplète, le danger des lacunes, l'importance de la remémoration et de l'entretien du souvenir, et d'indiquer que dans les examens il ne faut guère compter sur la chance pour réussir, le hasard étant plus souvent défavorable que favorable. On ne s'en rend maître, nous le répétons, que par une bonne et consciencieuse préparation.

CHAPITRE III

LE JOUR DE L'EXAMEN.

Pas de regrets tardifs superflus. — *Alea jacta est.* — Bonnes
conditions physiques. — Avoir tous ses moyens. — Sommeil
et nourriture. — Les excitants cérébraux. — Dangers de
leur abus. — Avant la séance.

Le jour de l'examen est arrivé, le candidat,
qu'il ait ou non suffisamment travaillé ne doit
pas se livrer à des regrets superflus, beaucoup
trop tardifs, mais il doit ne songer qu'à utiliser
de la façon la plus profitable possible, le bagage
des connaissances qu'il a acquises.

Au point de vue des dernières heures qui précèdent l'examen, le candidat fera bien d'observer
quelques règles d'ordre hygiénique. Le sommeil
aura dû être suffisant pour amener un repos complet du corps et du cerveau, les repas devront

être substantiels, composés d'aliments de facile digestion, la boisson sera celle dont on a l'habitude. Le dernier repas devra avoir eu lieu au moins deux heures avant l'ouverture de l'examen, soit écrit, soit oral.

Il ne faut pas oublier, surtout dans cette circonstance, qu'il y a un rapport très étroit entre l'estomac et le cerveau ; avec un estomac surchargé les idées seront bien rarement claires et les réponses présentées sous une forme élégante.

Nous nous rappelons avoir vu, autrefois, un de nos camarades échouer à un examen parce qu'il avait eu l'étrange idée de manger du pâté de foie gras à son déjeuner.

Les candidats des départements ont souvent, pour passer leurs examens, à se rendre dans une ville plus ou moins éloignée de celle où ils ont fait leurs études.

Il en résulte pour eux un changement de milieu qui peut être dangereux s'ils n'y prennent garde. Le régime de l'hôtel est bien différent de celui du collège, de plus ces jeunes gens sont portés à profiter des quelques heures de liberté qui se présentent pour aller au café, prendre des boissons qui ne leur sont pas familières, peut-être même fumer, se coucher tard, et à la suite de ces petits excès, ils sont incontestablement exposés à se trouver au moment de l'examen dans des conditions physiques défavorables.

Quelques jeunes gens croient qu'en prenant avant l'examen des liqueurs fortes, des boissons alcooliques, « ils se donneront de l'aplomb »; C'est une pratique des plus dangereuses, car elle peut amener l'étourdissement, un commencement d'ivresse, la perte de la netteté des idées et comme résultat un échec certain.

Il peut être utile au contraire de prendre un peu de café comme tonique et léger excitant du cerveau.

Avant l'examen toute fatigue cérébrale ou corporelle est nuisible. Travailler, étudier à la hâte pendant les heures qui précèdent les épreuves est bien inutile, il est trop tard pour regagner le temps perdu, et on risque par ce travail, d'amener une fatigue cérébrale funeste au succès.

Quand approche l'heure à laquelle on est convoqué, il faut se diriger vers la salle d'examen de façon à être en avance d'au moins quelques minutes. Ce serait évidemment une faute impardonnable de se faire ajourner à une autre session pour cause de retard.

L'heure sonne, les portes s'ouvrent, le candidat se trouve enfin en présence.... des examinateurs.

CHAPITRE IV

LES EXAMINATEURS.

Crainte exagérée.— Les légendes du collège. — Examinateurs dangereux ou favorables. — Ceux qui aident, leur impartialité. — Les examinateurs méchants sont des exceptions. — Idées préconçues. — Conscience et responsabilité morale des examinateurs.

Nous devons tout d'abord faire remarquer que dans les écoles, les candidats actuels ou simplement futurs aux examens, se font presque toujours une idée exagérée de la sévérité des examinateurs.

Si quelques-uns de ceux-ci méritent quelque peu la qualification de « méchants » que leur attribuent facilement les candidats qu'ils ont refusés, ce sont évidemment de rares exceptions, comparativement au nombre de leurs confrères impartiaux ou bienveillants.

Cependant quelques examinateurs ont une manière d'être, une façon d'interroger qui peuvent embarrasser le candidat et lui rendre difficile la tâche de répondre d'une façon satisfaisante.

Il est incontestable que la conduite de ce candidat devra quelque peu varier suivant le genre, la manière d'être de l'examinateur par qui il sera interrogé.

C'est à ce point de vue qu'il lui est utile de connaître les différents genres d'examinateurs devant lesquels il pourra être appelé à comparaître.

Dans les écoles, les différents examinateurs entrent dans une classification très étendue, suivant leur genre et leur mode d'interrogation.

Cette classification se divise d'abord en deux groupes principaux :

1° Les examinateurs dangereux ;

2° Les examinateurs favorables.

Parmi les examinateurs dangereux on peut placer tout d'abord les *grincheux*, ceux qui ne sont jamais satisfaits des réponses, qui les critiquent de parti pris, cherchent les petites erreurs, insistent à leur sujet, regardent d'un air sévère le jeune homme qu'ils interrogent et paraissent vouloir l'intimider.

Le succès du candidat vis-à-vis de ces examinateurs dépend de son sang-froid et de la précision de ses réponses.

Les examinateurs *méticuleux* sont dangereux surtout pour les candidats n'ayant fait que des études hâtives, pour ceux qui n'ont pas eu le temps matériel d'approfondir les sujets qu'ils ont passés en revue.

Ces examinateurs, en effet, insistent sur les détails, sur les aperçus, sur les enchaînements, posent un grand nombre d'interrogations et ne semblent satisfaits que si le candidat s'est réellement montré instruit et penseur.

Les examinateurs *silencieux*, les *ennuyés* sont particulièrement désagréables et dangereux. Après avoir posé leur question, ils restent indifférents en apparence, à la réponse qui leur est faite, et semblent n'y prendre aucun intérêt.

Si le candidat se trompe, ils se gardent bien de le reprendre, de lui signaler son erreur et de le remettre dans la bonne voie, ils le laissent continuer alors que celui-ci a vaguement conscience de la faute qu'il commet, pressent avec terreur qu'il s'est fourvoyé et continue à s'embrouiller de plus en plus.

Si le candidat reste court, s'arrête, ne trouvant plus rien à dire, l'examinateur silencieux laisse un long intervalle de temps s'écouler avant de lui poser une nouvelle question. Le malheureux jeune homme suppose naturellement qu'il a mal répondu, il se décourage, éprouve un serrement de cœur ; son interrogation terminée, il interprète la physionomie glacée ou maussade de l'examinateur qu'il vient de quitter, comme une preuve certaine de son insuccès.

Naturellement cette opinion est souvent erronée puisque tous les candidats de la session se trouvent dans les mêmes conditions vis-à-vis de cet examinateur et qu'un certain nombre sont reçus bien qu'ils aient éprouvé les mêmes craintes, les mêmes appréhensions.

Les candidats peuvent se défendre contre les ennuis de ce mode d'interrogation en répondant avec sang-froid et avec méthode, comme nous le verrons plus loin.

Les examinateurs que le candidat doit le plus redouter sont ceux qui donnent à leurs démandes un tour plaisant ou facétieux, qui cherchent à faire de l'esprit, à faire sourire le public qui assisté à l'examen, aux dépens du patient qu'ils interrogent.

Or, l'on conçoit que pour un examinateur il est toujours facile d'embarrasser le candidat, de lui poser des questions oiseuses, des « colles », dans le genre de celles dont nous donnons à la fin de ce volume un certain nombre d'exemples, ou des interrogations soit incomplètes, soit de sens non précis ou sujettes à diverses interprétations.

Contre ces questions le candidat ne peut évidemment lutter qu'en faisant preuve de bonne volonté et de savoir, en répondant de bonne foi sur ce qu'il croit comprendre, mais en se gardant bien de provoquer ou d'exciter l'animosité de l'examinateur, par des réponses, des réparties, des répliques plus ou moins spirituelles. Le candidat ne doit pas perdre de vue qu'il est en quelque sorte sous la dépendance de l'examinateur et que son avenir dépend de celui-ci. Il peut donc faire quelques concessions, subir quelques désagréments, quelques humiliations. Mais une fois l'examen passé il est libre de maudire son juge et de critiquer sa manière d'interroger.

Les examinateurs « favorables » sont ceux qui aident le candidat, s'intéressent à ses réponses, le reprennent s'il commet une erreur, le remettent en bonne voie, l'encouragent, le soutiennent et s'efforcent en un mot, de mettre en évidence son intelligence et son réel savoir.

Beaucoup d'examinateurs, pénétrés de la grande influence que peuvent avoir leurs décisions sur l'avenir des jeunes gens qu'ils ont à interroger et songeant à la responsabilité morale qu'ils assument, sont portés à l'indulgence et interprètent les réponses du candidat autant que possible, dans le sens qui lui est le plus favorable.

Certains de ces examinateurs sont même assez complaisants pour répondre en quelque sorte eux-mêmes, à la question qu'ils ont posée, ou tout au moins pour ébaucher la réponse. Leur examen est plutôt une leçon, un cours qu'ils font au candidat. Mais il importe que celui-ci y joigne sa collaboration, qu'il sache par quelques mots placés à propos, montrer qu'il connaissait ce qu'il vient d'entendre, qu'il aurait pu lui-même l'expliquer au besoin. Il faut le prouver en ajoutant quelques détails, quelques aperçus nouveaux dont n'a pas parlé l'examinateur.

Ce serait un tort de croire que ces examinateurs ne savent pas discerner le candidat instruit du candidat ignorant. Leur mode d'interrogation, au contraire, fait ressortir également pour l'un et pour l'autre de ceux-ci le degré du savoir. Avec les examinateurs complaisants, l'influence du hasard, de la chance, ou de la malchance dans la réussite ou l'échec des candidats est beaucoup moindre qu'avec les examinateurs « dangereux » dont nous avons précédemment parlé.

La complaisance dans la façon d'interroger est non-seulement une preuve de bonté et de sympathie pour les élèves, mais également une preuve d'impartialité.

En résumé le candidat qui se présente à un examen doit être convaincu que les examinateurs réellement dangereux et désagréables de parti pris sont des exceptions, et que le plus grand nombre ne sont animés que du désir d'être justes, et qu'ils admettent ou rejettent les candidats d'une façon impartiale, en n'écoutant que la voix de leur conscience.

CHAPITRE V

L'ART DE RÉPONDRE. — LA TENUE.

Les petites causes de succès. — Indépendamment du savoir.
— Impression favorable. — Le costume et la tenue. —
Le tact et l'urbanité dans les examens. — Le candidat con-
venable. — Mieux noté. — Exemples à l'appui.

Les examinateurs, quelle que soit leur impartialité, sont cependant susceptibles de se laisser
influencer dans leurs décisions par des considérations diverses.

Il est évident, par exemple, que le candidat
peut agir sur le caractère, l'humeur et les plus
ou moins bonnes dispositions de l'examinateur
qui l'interroge, en évitant de le mécontenter,
de l'aigrir, ou en lui épargnant la fatigue de
demandes réitérées.

Il peut, même, se le rendre favorable et
sympathique en ayant une bonne tenue, une

diction nette, et en présentant bien ses réponses.

Ces considérations bien qu'évidemment secondaires, n'en ont pas moins une réelle importance et méritent d'être passées en revue.

Une bonne tenue, un costume convenable,
des manières polies, prouvant une bonne éducation, sont évidemment les premiers moyens
que possède le candidat, de prévenir en sa fa-
veur l'examinateur devant lequel il se présente,
ou tout au moins de ne pas provoquer de primo
abord, chez celui-ci, une impression défavorable.

Par exemple : Un candidat paraissant trop
sûr de lui-même, « un poseur » sera presque
certain de s'attirer de la part des examinateurs,
quelque humiliation de son amour-propre, quelque observation sévère ou désagréable ; on lui
posera des questions oiseuses, embarrassantes,
des « colles » ; ce candidat pour réussir devra
faire preuve d'un savoir très étendu ; l'examen
sera probablement pour lui beaucoup plus difficile que si sa tenue avait été modeste et convenable.

Les examinateurs n'aiment pas, en effet, à rencontrer, chez les jeunes gens, une trop grande assurance; ils seront plus indulgents, plus portés à encourager et à aider dans leurs interrogations un jeune homme quelque peu timide et de bonne tenue.

On leur reproche même d'être souvent plus indulgents pour les candidats petits et chétifs que pour les grands et forts garçons, d'apparence robuste.

La politesse, l'urbanité du ton et des manières du candidat, ne peut évidemment avoir qu'une influence favorable sur l'esprit des examinateurs.

Un candidat qui, dans une réponse, aurait une répartie un peu vive, un peu brusque serait certain, si ce n'est de s'attirer une réprimande, tout au moins de provoquer la sévérité de ses juges.

Le costume même a son importance; on ne saurait trop recommander aux candidats une mise simple et modeste, bien que soignée, arrangée avec ordre et sans négligence.

On a rapporté nombre d'histoires de jeunes gens dont les camarades attribuaient l'échec dans leur examen, à une mise excentrique; trop

recherchée, trop à la mode, une mise de « gom-
meux. »

D'autres ont échoué, dit-on, pour avoir mis
des nœuds de cravate de couleur trop voyante
ou de dimensions trop considérables.

A l'une des dernières sessions des examens,
dits de l'Hôtel de Ville, à Paris (pour le brevet
d'institutrice), une jeune fille, ayant eu la sin-
gulière idée de se présenter devant les examinateurs ornée d'un flamboyant chapeau jaune,
fut impitoyablement refusée, alors que ses camarades de pension moins instruites et ayant eu
dans leurs classes de moins bonnes notes, passaient, au contraire, avec succès.

Comme cette influence que nous attribuons
au costume et à la tenue du candidat sur l'esprit des examinateurs, et, en somme, sur la
réussite de l'examen peut paraître exagérée,
nous citerons, à l'appui de notre opinion, un
exemple emprunté à M. Francisque Sarcey,
dans lequel il raconte avoir manqué échouer à
son examen d'agrégation pour une question de
costume.

« La première fois, dit-il, que je me présen-
tai devant le Jury pour passer une des épreuves

de l'examen oral, j'arrivai, vêtu d'une vieille redingote avec une chemise à raies rouges et une cravate de couleur.

Vous imaginez l'effet que je fis sur mes juges.

Une chemise rouge ! Ils crurent voir une manifestation politique qui était loin de ma pensée.

J'avais mis une chemise à raies rouges tout simplement parce que je l'avais trouvée dans ma malle.

Heureusement que parmi mes juges, l'un d'eux voulait bien me porter un vif intérêt. Il écrivit tout de suite à un de mes amis, Edmond About, pour le prévenir de la frasque que je venais de commettre et le priait de m'avertir.

Cet ami accourut et me rencontra au moment où je partais pour passer ma seconde épreuve, toujours avec ma chemise rouge. Il me fit déshabiller, me força de revêtir ce que j'avais de plus beau et de plus neuf; me confectionna lui-même mon nœud de cravate et ne me lâcha, de peur d'une nouvelle incartade, qu'aux portes de la Sorbonne.

J'ose dire que mon entrée fit sensation. Quand je m'avançai à la barre, correctement

vêtu de noir, tout flambant neuf, il y eut un
« ah ! » d'étonnement et de satisfaction qui cou-
rut sur toutes les lèvres.

J'aurais pu m'écrier avec Sedaine : « O mon
habit, que je vous remercie ! » Car cet habit retourna mes juges et je fus reçu dans un très
bon rang avec des notes d'autant plus élogieu-
ses, qu'on avait moins espéré une conversion si
prompte et si radicale. »

Comme on le voit, par ce qui précède, l'influence du costume, de la tenue, de l'urbanité
et de la bonne éducation du candidat, est un
point de l'art de passer les examens qu'il est
bon et utile de ne pas négliger.

CHAPITRE VI

L'ART DE RÉPONDRE. — LA DICTION.

Importance d'une bonne élocution. — Diction nette, audition
agréable. — Audition pénible prédispose l'examinateur
contre le candidat. — Parole posée. — Ni lenteur ni volu-
bilité. — La bonne utilisation du temps. — Un examinateur modèle.

Vis-à-vis des examinateurs, comme vis-à-vis
des maîtres, dans le cours des études, existe un
art de répondre, art qui a pour résultat de rendre agréable, ou tout au moins non pénible,
l'audition de la réponse, au point de vue de l'o-
reille comme au point de vue de la compréhen-
sion.

L'art de bien parler a une influence assez
grande dans les examens pour que des élèves faibles dans leurs classes réussissent souvent dans
des concours où des examens, alors que d'autres

qui leur étaient infiniment supérieurs y échouent,
et cela parce que les premiers savent montrer
leur savoir, ont le talent de bien tirer parti
du peu de connaissances qu'ils possèdent, tan-
dis que leurs concurrents, en réalité beaucoup
plus forts, n'ont pas su répondre avec le même
art.

L'art de répondre comprend, en effet, deux
parties :

La première est relative à la diction, à la
bonne prononciation et s'adresse, comme nous
le disons, à l'oreille.

La seconde comprend le bon arrangement des
phrases, la présentation de la réponse sous forme
d'un ensemble bien complet.

La réponse sera d'autant mieux acceptée par
l'examinateur, qu'elle sera mieux dite et mieux
présentée.

Il est évident que les réponses, dans les examens, doivent être faites avec une bonne diction,
sur un ton, autant que possible, agréable. Les
paroles étant bien prononcées, l'articulation
distincte, le ton faisant bien ressortir la valeur
des mots et la signification des phrases.

Une parole posée, bien que nuancée suffisamment pour ne pas être monotone, maintient l'attention de celui qui écoute.

Ces considérations s'appliquent à toutes les relations, à celles de la vie scolaire d'abord, et ensuite à celles de la vie sociale.

Mais elles acquièrent une importance capitale, lorsque l'auditeur auquel on s'adresse est un juge de qui dépend le succès ou l'échec d'un examen.

Un candidat dont la diction est mauvaise, manque de netteté et est pénible à entendre, demandera, à l'examinateur, un effort d'attention et le prédisposera d'une façon défavorable.

Une bonne diction, au contraire, peut contribuer à gagner les sympathies ou l'indulgence d'un examinateur, à faire accepter comme bonne, comme suffisante, une réponse quelque peu embarrassée.

Au point de vue encore de la diction, le candidat doit éviter également de parler trop vite ou trop lentement.

S'il parle trop lentement, l'espace qu'il met entre ses mots peut être attribué à des hésitations, à un travail mental qu'on suppose être pénible.

On l'accusera de chercher ses idées et de mal connaître le sujet sur lequel on l'interroge.

Le candidat qui parle trop vite, au contraire, qui débite avec rapidité tout ce qu'il peut dire sur le sujet de son interrogation, aura fini en quelques minutes. Sa réponse sera bien vite terminée et il restera ensuite sans rien dire. Cette attente, ce silence au milieu d'un examen, sont toujours fort pénibles.

L'examinateur, pour utiliser le temps qui est attribué à chaque candidat, devra lui poser une ou plusieurs autres questions et sera tenté de lui savoir mauvais gré de ce petit travail.

Le candidat a tout intérêt, en effet, à bien employer avec le minimum d'interrogations possible, le temps qui lui est consacré, car de nouvelles demandes pourraient porter sur des questions qu'il connaîtrait moins bien que les premières qui lui ont été posées, et elles pourraient ainsi tendre à détruire ou à atténuer la bonne opinion primitive de l'examinateur.

Tous les examinateurs ne sont pas, comme M. de Rossi, dont l'indulgence, du reste, était proverbiale.

Un jour, à la Sorbonne, il interrogeait un

jeune homme qui jusque-là avait assez bien répondu ; mais, à une dernière question, le malheureux ne répond que sottises sur sottises.

— Pardon, monsieur, dit de Rossi en l'interrompant, si vous voulez bien, nous supposerons que votre examen s'est arrêté avant cet incident.

CHAPITRE VII

L'ART DE RÉPONDRE. — LES RÉPONSES.

Le candidat et l'orateur. — Un cas spécial de l'art oratoire. — L'arrangement des réponses. — Le danger de résumer. La coordination des idées. — Écueils à éviter. — Les énumérations. — Remarques sur l'examen écrit.

Cette bonne utilisation du temps pendant l'examen, résultant d'une diction correcte doit être observée également dans l'arrangement et la construction des phrases formant les réponses.

Le candidat qui possède à fond le sujet de son interrogation, se gardera bien de l'épuiser trop vite.

La réponse ne doit pas être brève, elle doit présenter un ensemble complet mais non un résumé. Cet ensemble doit comporter les détails susceptibles de montrer que le candidat connaît parfaitement tous les côtés de la question et qu'il serait à même de développer celle-ci bien davantage. Il doit savoir persuader à l'examinateur qu'il répondrait de même, avec une égale certitude, à toutes les questions qui lui seraient posées.

Il est à remarquer, que ce ne sont pas toujours les candidats les moins instruits qui ont le plus vite cessé de répondre ; au contraire, il arrive quelquefois que des jeunes gens connaissant bien la question qui leur est posée, la résument, s'efforcent de la présenter dans son ensemble et négligent les détails. Ils sont, en quelque sorte, surexcités par le nombre des idées qui se réveillent en eux ; ils effleurent chacune d'elles, et en somme, malgré la valeur de l'ensemble de leur réponse, celle-ci peut sembler résumée par insuffisance de savoir.

Il est utile que le candidat commence sa réponse par répéter l'interrogation qui lui a été posée. Cette répétition a, en effet, plusieurs avantages ; d'abord, de s'assurer vis-à-vis de l'examinateur qu'on a bien saisi, qu'on a bien entendu le texte de sa demande. Il arrive, en effet, souvent, qu'un candidat, soit par timi-

dité, soit en raison d'une émotion suffisamment
justifiée, entend mal la question qui lui est faite,
répond à ce qu'il a compris et non à ce qu'on
lui a demandé. Naturellement, dans ce cas,
sa réponse est trouvée étrange par l'examinateur. Lorsque le candidat a soin de répéter à
haute voix la demande qu'il croit avoir entendue,
cette confusion n'est plus possible.

Cette répétition est encore utile en produisant
une sorte d'excitation du cerveau, excitation
portée sur les cellules correspondant à la réponse cherchée. Les quelques secondes que dure
cette redite de la question donne le temps de
chercher cette réponse, de la préparer en quelque
sorte, et évite de rester quelques instants devant
l'examinateur sans rien dire. Ce qui produit toujours un mauvais effet.

Répéter la demande présente enfin un troisième avantage : c'est de gagner quelques minutes sur le temps consacré à l'examen.

Dans ses réponses, le candidat doit éviter certains écueils ; par exemple, si l'examinateur demande une énumération, une série : — Combien
y a-t-il de...? Il est dangereux de répondre par
un nombre précis, parce que, dans ce cas, une

erreur d'une unité en plus ou en moins est facile à commettre ; il est préférable de faire l'énumération en son entier. On évitera ainsi le reproche d'une erreur, bien que celle-ci, en réalité, soit sans aucune importance. Il vaut mieux présenter cette énumération, terme à terme et additionner ensuite ceux-ci si on le juge à propos.

Ainsi dans cette question élémentaire, si un examinateur demandait à un élève : « Combien y a-t-il de parties du monde? » Celui-ci, au lieu de répondre: « Il y en a cinq, qui sont : l'Europe, l'Asie, l'Afrique, l'Amérique et l'Océanie », ferait mieux de dire : « Il y a l'Europe, l'Asie, l'Afrique, l'Amérique et l'Océanie, soit cinq parties du monde. »

Cette remarque s'applique à toutes les énumérations ou nomenclatures.

Dans les examens, il est également utile de se rappeler ce principe de réthorique : c'est que, si l'on veut convaincre quelqu'un, il est utile de bien choisir ses arguments. Une raison futile diminue le poids des bonnes raisons qu'on avait données auparavant.

Notons également que dans ses réponses, soit à l'examen écrit, soit à l'examen oral, il faut soi-

gneusement éviter les traits d'esprit, la plaisanterie et surtout la trivialité.

Le candidat doit être sérieux, et celui qui veut
faire le plaisant ne réussit qu'à s'attirer bien
inutilement la sévérité des examinateurs.

La réponse faite par un candidat à un membre
du jury qui l'interroge, doit, avons-nous dit,
être aussi bien présentée que possible. Elle constitue, en quelque sorte, un petit discours ou tout
au moins un exposé dans lequel la péroraison
doit être amenée par l'enchaînement des faits et
l'entrée en matière.

Il est parfois possible de faire pressentir cette
péroraison dès le commencement de la réponse,
de façon à ce que l'examinateur puisse juger
qu'en lui présentant un enchaînement de faits
plus ou moins complets, on veut arriver à une
conclusion générale.

Il préjuge ainsi que les connaissances du candidat sur cette matière sont beaucoup plus complètes qu'il ne peut les exposer, et que le peu de
temps dont il dispose est le seul obstacle en raison duquel il est forcé de se limiter.

L'art de répondre est susceptible de s'acquérir
par la pratique. Le jeune homme qui s'observe à

ce point de vue et s'efforce de se perfection-
ner dans cet art voit parfaitement, dans la mul-
titude des réponses qu'il doit faire aux interrogations de ses professeurs, dans le cours de ses
études et même dans les simples conversations,
quelles sont les fautes qu'il a commises, et comment il aurait dû répondre dans telle ou telle
circonstance. Peu à peu, en portant son attention
sur ces points, il arrive à savoir présenter ses
réponses avec intelligence et de façon notamment
à faire valoir dans l'appréciation des examinateurs, les connaissances sur lesquels il est interrogé.

La devise du candidat peut être presque celle
de l'orateur, au point de vue de l'art de répondre : l'un et l'autre doivent prouver, persuader
et plaire.

———————

Presque tous les examens se composent d'é-
preuves écrites et d'épreuves orales.

Les premières sont, en général, moins redou-
tées des élèves forts qui trouvent là le moyen de
montrer leur savoir à tête reposée. Ils ont

alors, le temps de réfléchir à l'expression qu'ils emploient, au raisonnement qu'ils exposent, aux motifs qu'ils donnent et, enfin, ils sont à l'abri de l'intimidation résultant de la présence de l'examinateur.

Dans l'examen écrit, il s'agit de bien employer son temps ; pour cela, il ne faut ni commencer par se hâter d'une façon brouillonne et exagérée, ni se dire qu'on a du temps devant soi et que rien ne presse.

Il faut se mettre de tout cœur à sa composition, s'y donner tout entier et cela dès le début.

C'est pendant la première heure que le travail est le plus facile et c'est de celle-ci dont il faut surtout profiter ; pendant les suivantes, à la fatigue intellectuelle, vient se joindre une fatigue physique résultant d'une longue immobilité et de l'attitude assise prolongée.

Leur composition étant terminée, on doit conseiller aux élèves de la relire avec toute l'attention, tout le sang-froid dont ils sont capables. On ne saurait trop insister sur l'influence de ces lectures répétées pour parfaire l'œuvre qu'on vient d'exécuter et lui donner un dernier fini.

C'est un principe qui s'applique à toute production intellectuelle, aux œuvres littéraires comme aux compositions des examens : le premier texte écrit n'est qu'une esquisse, qu'une ébauche dans laquelle la préoccupation de l'ensemble fait forcément négliger les détails et ceux-ci viennent peu à peu se juxtaposer à cet ensemble et constituent, en somme, de nouveaux matériaux qui s'ajoutent aux précédents et complètent l'édifice.

CHAPITRE VIII

LES EXAMENS PRÉPARATOIRES.

Exercices et concours. — L'habitude des interrogations. — Réunions et cercles d'étudiants. — Voir passer les examens. — Moyens de s'aguerrir contre l'appréhension.

On peut dire qu'on apprend à passer les examens, à mettre en pratique les règles et les conseils que nous avons donnés, et cela par l'exercice et l'habitude.

On apprend ainsi à répondre aux questions, à ne pas se déconcerter en présence d'une demande embarrassante, à conserver son sang-froid et sa présence d'esprit vis-à-vis d'interrogations trop simples ou de questions oiseuses.

Ce mode de préparation à la partie « matérielle » pour ainsi dire des examens, consiste à se soumettre, aussi fréquemment que possible,

à des examens d'essai, à des examens préparatoires.

L'entraînement physique et moral fait en
vue des examens, est fort employé dans certaines écoles et il donne incontestablement d'ex-
cellents résultats. Dans ces écoles, les candidats
se préparant à un examen, soit celui du baccalauréat ou à un concours donnant entrée à une
école spéciale : St-Cyr, Polytechnique, École cen-
trale, etc., sont réunis périodiquement devant des
groupes de professeurs qui, avec une certaine
solennité, avec une mise en scène rappelant celle
de la salle universitaire, interrogent les candidats et leur posent des questions analogues à
celles qui ont été données aux examens des années précédentes.

Ces examens préliminaires ont, en somme,
pour résultat de préparer les candidats non seulement au rôle qu'ils doivent remplir pendant
la session des examens, mais de les aguerrir
contre les interrogations faites en public, de les
exercer à bien répondre.

Dans les gymnases allemands, les jeunes
gens s'exercent entre eux à passer leurs examens.

Dans leurs cercles, pendant la durée des études et principalement dans les semaines qui précèdent les épreuves, ils se réunissent avec une sorte de solennité; les uns représentent et imitent les examinateurs en robe et en toque; les autres sont les candidats.

Chacun de ceux-ci est tour à tour interrogé sur des sujets, soit sérieux, soit quelquefois burlesques et il doit répondre d'une façon satisfaisante aux questions qui lui sont posées. Dans ces examens, sont passées en revue toutes les questions oiseuses, toutes les colles traditionnelles, et le candidat se trouve ainsi, jusqu'à un certain point, prémuni contre celles que pourrait lui adresser quelque examinateur facétieux.

A Cambridge, les étudiants possèdent une vaste salle de réunion qui se transforme périodiquement en salle d'examens où les jeunes gens s'exercent entr'eux, à subir des épreuves préparatoires.

Dans les réunions d'étudiants à Paris, ou entre camarades de même classe dans les lycées, les interrogations réciproques, les questions

posées et auxquelles alternativement il est répondu, constituent un excellent exercice.

On ne saurait trop le répéter, c'est, pour ainsi
dire, en raison du nombre des interrogations
qui lui ont été posées et auxquelles il a répondu
antérieurement avant le jour définitif que le
candidat sera plus aguerri et plus sûr de lui-
même.

Les examens préparatoires sont incontestablement le moyen le plus certain de prémunir les
candidats contre l'émotion résultant de leur première entrée dans une salle d'examens, ou de
les garantir contre les fâcheux effets d'une timidité naturelle exagérée.

C'est également à ce point de vue qu'il est
très utile pour les jeunes gens d'assister aux
examens de leurs camarades passant avant eux,
soit pendant les sessions antérieures, soit pendant les jours qui précèdent leur propre compa-
rution.

Le jeune homme, le candidat, se familiarise
avec tout cet ensemble solennel qui constitue
l'examen ; il n'est plus surpris, intimidé quand
son tour arrive, par la grandeur de la salle,

l'aspect de ses juges, par le public qui l'entoure.

La place où se succèdent ses camarades, sur la sellette où, devant le tableau noir, lui devient, pour ainsi dire, familière et il ne sera plus embarrassé, il aura beaucoup plus d'aisance quand lui-même ira l'occuper. Il connaîtra la figure de ses juges, sera habitué au son de leur voix, à leur genre d'interrogation et son cœur ne battra plus aussi fort quand un peu plus tard il aura lui-même à répondre.

Il sera enfin aguerri contre toutes les circonstances émotionnantes qui résultent de la solennité de l'examen. Il pourra alors répondre et faire valoir ses moyens dans de bonnes et fructueuses conditions.

CHAPITRE IX

LE SANG-FROID DANS LES EXAMENS.

Le candidat qui se « démonte. » — Le temps de la réflexion — Trouver ce qu'il faut répondre. — Présence d'esprit. — Une affaire d'habitude. — Exemples de sang-froid dans les réponses.

La présence d'esprit, le sang-froid conservé par le candidat est naturellement une condition favorable à la bonne utilisation de son savoir vis-à-vis des interrogations.

Indépendamment de l'intimidation pouvant résulter des conditions dans lesquelles se fait l'examen, les jeunes gens peuvent hésiter devant une question présentée à dessein sous une forme embarrassante. Ils peuvent être troublés par quelque plaisanterie ou simplement par l'aspect sévère d'un examinateur.

Le trouble du candidat peut être assez prononcé pour l'empêcher de comprendre les paroles les plus simples qui lui sont adressées ; ce candidat est, dit-on, « démonté. »

Cela peut arriver même aux jeunes gens les moins timides.

Il est évident que si l'on donnait à ces jeunes gens le temps de réfléchir, le temps de chercher une réponse satisfaisante à la question qui leur est posée, bien souvent ils trouveraient cette réponse et pourraient la présenter avec tact et intelligence.

C'est ordinairement quand l'examen est terminé, quand on n'est plus à même de répondre, qu'on voit alors clairement la réponse qu'on aurait dû faire à telle ou telle interrogation.

Trouver rapidement la réponse à faire dans ce cas, la réplique à donner, constitue la présence d'esprit.

La présence d'esprit, d'après Vauvenargue, pourrait être définie, au point de vue de la vie ordinaire, une aptitude à profiter des occasions pour parler ou pour agir, et au point de vue des examens une aptitude à trouver immédiatement la meilleure réponse à faire à une question posée.

Les psychologues démontrent que la présence d'esprit dépend d'une bonne mémoire et d'une facile coordination des idées.

Cette aptitude à trouver rapidement une bonne réponse, une réplique à une demande, est généralement très appréciée par les examinateurs et augmente incontestablement les chances de succès des candidats qui en sont doués.

Le jeune homme qui, dans l'examen oral, reste de sang-froid, ne se laisse pas impressionner facilement, aura nécessairement un avantage marqué sur ses camarades plus timides ou plus impressionnables.

On dit qu'il a de l'aplomb, et cet aplomb est attribué à la quiétude, la tranquillité, l'assurance que donne, disent les examinateurs, un réel savoir. Le candidat, prétendent-ils, a conscience de sa valeur.

Il est surtout important que le candidat conserve son sang-froid s'il se trouve en présence d'un examinateur facétieux, aimant à poser des questions embarrassantes dans leur forme, mais généralement faciles à résoudre si on les considère attentivement.

Si le candidat prévoit une question de ce genre, s'il suppose une équivoque ou ne comprend pas absolument bien la valeur de tous les termes de la question, il ne doit pas s'empresser de répondre, il doit suffisamment réfléchir ; trop de précipitation, en effet, pourrait donner lieu à quelque grossière erreur.

En posant une question de ce genre, l'examinateur sait très bien qu'il faut un certain temps pour la résoudre et il en tiendra compte au candidat qui, par un effort de réflexion, cherchera à y parvenir.

La présence d'esprit est, avons-nous dit, un don naturel, une aptitude innée, mais elle peut être développée comme toutes les autres facultés humaines par l'attention, la volonté, et l'exercice.

La présence d'esprit peut s'exercer journellement dans la vie scolaire, dans l'existence usuelle, dans les relations de famille ou les relations sociales.

La conversation la plus ordinaire est en quelque sorte un exercice aux réponses, aux répliques intelligentes et faites à propos. Il en est de même des examens facétieux entre camarades, de la recherche des réponses pouvant être données aux questions oiseuses, aux facéties classiques ou aux interrogations plus ou moins embarrassantes qui se perpétuent traditionnellement.

Comme exemple de sang-froid uni à un réel savoir, mais non comme modèle du ton et de la tenue à observer vis-à-vis des examinateurs, on peut citer l'histoire de l'examen qu'Arago, devenu depuis grand astronome, passa à Toulouse, pour entrer à l'école polytechnique. Son examinateur pour les mathématiques était Monge le jeune, dont la façon d'interroger était, comme on le verra, peu encourageante :

Arago succède au tableau à un de ses camarades dont l'examen avait été des plus mauvais.

Alors le dialogue suivant s'établit entre le candidat et son examinateur.

MONGE. — Si vous devez répondre comme votre camarade il est inutile que je vous interroge.

ARAGO. — Monsieur, mon camarade en sait beaucoup plus qu'il ne l'a montré ; j'espère être plus heureux que lui ; mais ce que vous venez de me dire pourrait bien m'intimider et me priver de tous mes moyens.

Monge. — La timidité est toujours l'excuse des ignorants; c'est pour vous éviter la honte d'un échec que je vous fais la proposition de ne pas vous examiner.

Arago. — Je ne connais pas de honte plus grande que celle que vous m'infligez en ce moment. Veuillez m'interroger, c'est votre devoir.

Monge. — Vous le prenez de bien haut, monsieur! Nous allons voir tout à l'heure si cette fierté est légitime.

Arago. — Allez, monsieur, je vous attends.

Heureusement pour le jeune candidat il était déjà un mathématicien hors ligne. Son examen dura deux heures et demie.

Quand il fut terminé Monge enthousiasmé se leva, fut embrasser l'élève et déclara qu'il figurerait le premier sur la liste d'admission.

Un an plus tard Arago eut à vaincre des difficultés analogues, par suite de la brusquerie de son caractère, et y réussit encore grâce à son savoir. Il était à l'école polytechnique et l'examen avait pour objet de passer d'une division dans une autre. L'examinateur était le célèbre géomètre Legendre.

Comme Arago se présentait pour être interrogé, deux garçons de salle emportaient dans leurs bras un de ses camarades que les angoisses d'interrogations difficiles avaient fait évanouir.

La vivacité des réponses d'Arago eut naturellement pour résultat d'irriter Legendre contre lui.

« Je le reconnus aussitôt, dit Arago dans ses mémoires (1), car m'ayant fait une question qui exigeait l'emploi d'intégrales doubles, il m'arrêta en me disant : « La méthode que vous suivez ne vous a pas été donnée par le professeur. Où l'avez-vous prise ?

— Dans un de vos mémoires.

— Pourquoi l'avez-vous choisie ? Est-ce pour me séduire ?

— Non, rien n'a été plus loin de ma pensée. Je ne l'ai adoptée que parce qu'elle m'a paru préférable.

— Si vous ne parvenez pas à m'expliquer les

(1) *Histoire de ma Jeunesse*, par Arago.

raisons de votre préférence, je vous déclare que vous serez mal noté, du moins pour le caractère. »

Arago triompha encore cette fois, mais il est évident que sa mauvaise tête, sa brusquerie avaient dans l'un et l'autre cas rendu l'examen beaucoup plus difficile, les deux examinateurs beaucoup plus exigeants et que là où Arago avait triomphé grâce à sa merveilleuse aptitude pour les mathématiques, un autre candidat moins fort eût complètement échoué.

C'est à ce point de vue que ce récit peut servir d'exemple.

Indépendamment des histoires d'examens, il y a un très grand nombre d'anecdotes montrant, comment des individus ont pu, par leur présence d'esprit, par une réponse faite à propos, se tirer d'une situation embarrassante ou exciter l'intérêt et la sympathie d'un personnage disposant de leur sort.

Comme c'est presque la situation du candidat vis-à-vis de l'examinateur, les exemples suivants de présence d'esprit peuvent donc être considérés comme ayant un réel rapport avec l'art de passer les examens.

Voici notamment la célèbre histoire de l'ambassadeur et du plat de poisson, telle que la rapporte le célèbre moine de Saint-Gall qui nous a laissé une vie anecdotique de Charlemagne.

« Le chef d'une ambassade envoyée par le monarque franc à Constantinople fut invité à dîner par l'empereur grec, qui le plaça au milieu de tous les grands de sa cour.

Entre autres mets un poisson de rivière, garni de divers assaisonnements, fut apporté dans un plat. Or, c'était une loi de l'étiquette byzantine, qu'à la table du prince nul convive ne pouvait, sous peine de mort, retourner le corps des animaux que l'on y servait.

L'ambassadeur, ignorant cet usage, retourna le poisson qui était placé devant lui. Aussitôt tous les courtisans se levèrent de table, et réclamèrent du prince l'exécution de la loi.

L'empereur dit alors en gémissant à l'ambassadeur : Je ne puis refuser à mes courtisans de te livrer sur-le-champ à la mort ; mais à l'exception de la vie, demande-moi ce que tu voudras, et par tout ce qu'il y a de plus sacré, je te jure de te l'accorder. — Le Franc réfléchit quelques instants ; puis au milieu du silence général, il dit à l'empereur : Prêt à mourir je ne demande qu'une seule grâce, c'est que tous ceux qui m'ont vu retourner le poisson soient privés de la vue. — L'empereur, dit le moine de Saint-Gall, frappé d'étonnement à cette prière, jura par le Christ qu'il n'avait pas vu le fait, et avait prononcé d'après le rapport des autres. La reine, à son tour, attesta la bienheureuse Vierge Marie, mère de Dieu, qu'elle non plus n'avait rien vu.

Ensuite les grands les uns après les autres s'efforçant de se soustraire au péril qui les menaçait prirent à témoin, celui-ci le porte-clefs du ciel, celui-là le docteur des nations, les autres toutes les puissances évangéliques et la foule des saints, et firent la même déclaration avec les plus terribles serments. Le sage Franc, ayant ainsi humilié l'orgueilleuse Grèce, revint dans sa patrie sain et sauf triomphant. »

Autre anecdote :

Un officier gascon, étant à l'armée, parlait assez haut à un de ses camarades.

Comme il le quittait, il lui dit d'un ton important : Je vais dîner chez Villars. Le maréchal

de Villars se trouvait derrière cet officier, il lui
dit avec bonté : A cause de mon rang de général, et non à cause de mon mérite, dites *Monsieur de Villars*. Le Gascon, qui ne croyait pas
être si près de ce général, lui répartit sans paraître étonné : Cadedis, on ne dit point Monsieur de César, j'ai cru qu'on ne devait pas dire
Monsieur de Villars.

Cette réponse était trop flatteuse pour le célèbre général pour qu'il ne l'agréât pas comme
excuse.

Dans un interrogatoire sur le droit usuel, un
professeur demande à un élève :

— Pourriez-vous me dire Monsieur à quoi
sert la caution ?

— L'élève répond : La caution, Monsieur....
la caution est une chose qui sert... à garantir.

— Alors, Monsieur, lorsque vous prenez un
parapluie pour vous garantir du mauvais temps,
votre parapluie devient une caution.

— Oh ! non, Monsieur, reprend le jeune homme
avec à propos, dans ce cas c'est une pré...cau-
tion.

Cette réplique fit sourire le grave professeur
qui fut indulgent sur le reste de l'examen.

4

CHAPITRE X

FRAUDES DANS LES EXAMENS.

La légende des fraudeurs. — Les fraudes coupables. — Les sanctions pénales. — Difficultés de la fraude. — Petits manèges. — Petites roueries. — L'indulgence des examinateurs. — Les complices. — Exemples divers.

Dans les écoles, les lycées, circulent un certain nombre de légendes relatives à des candidats qui auraient passé, raconte-t-on, de brillants examens et cela malgré une ignorance notoire, en pratiquant des fraudes ingénieuses, des trucs habiles, inaperçus des examinateurs. Chacun rêve, pour ainsi dire, être en possession d'un de ces moyens qui lui assurerait le succès sans lui faire subir les risques, le hasard de l'examen ou l'insuccès qu'il croit probable, résultant de son peu de savoir ou de son manque de travail.

Mais c'est une grosse erreur de compter sur la fraude pour réussir.

Tout d'abord, lorsqu'il s'agit d'un concours, supplanter un camarade, gagner une place sur lui, serait une mauvaise action, une injustice.

Si on réussissait à un concours, grâce à une fraude, on aurait toujours à se reprocher d'avoir refoulé le candidat dont le rang suit immédiatement le dernier de la série ou de la promotion.

Réussir à ce prix, c'est en quelque sorte se condamner à avoir pendant le cours de son existence, toujours présente à l'esprit, la pensée qu'on a perdu l'avenir d'un camarade. Qu'on l'a tout au moins obligé à recommencer des efforts, des études ; à se soumettre à un labeur qu'il ne méritait pas. Qu'on a pris, en quelque sorte, sa place dans la vie et qu'incontestablement on lui a causé un préjudice considérable.

Gagner, par ce moyen, une place dans un concours est évidemment indigne d'un jeune homme loyal, et le candidat qui commet une telle action ou ceux qui lui prêtent leur aide peuvent être assimilés aux malhonnêtes gens.

Dans les examens en vue d'obtenir un diplôme, la fraude, sans doute, n'a pas la même gravité au point de vue moral, bien qu'en principe il soit toujours mal de tromper et de ne réussir dans une épreuve qu'en substituant des moyens déloyaux au savoir que l'on aurait dû acquérir par son travail et son application.

Indépendamment de la sanction morale dont nous venons de parler, qui doit faire repousser l'emploi de la fraude dans les examens, il y a une sanction effective de la part des Facultés ou des examinateurs des grandes écoles. Sanction d'après laquelle les candidats convaincus d'avoir pratiqué ou tenté des fraudes dans les examens sont rigoureusement punis.

Parfois les candidats coupables de fraudes voient non seulement leurs épreuves annulées pour l'examen actuel, mais en outre ils sont exclus, à titre définitif, de tous les autres examens analogues à venir ; c'est ce qui a lieu notamment pour les grandes écoles : Saint-Cyr, Polytechnique, l'École navale ; quelquefois ils sont simplement ajournés à une prochaine session d'examen.

Quand, pour l'admission, il y a une limite

d'âge, cet ajournement équivaut à une exclusion définitive.

On voit que cette sanction, indépendamment de la honte, de l'humiliation qui en résulte, doit provoquer chez le candidat une crainte suffisante pour l'empêcher de se livrer à aucune fraude de ce genre.

Indépendamment de cela, il arrive souvent que les fraudes les mieux préparées, celles dont l'emploi semble d'une efficacité certaine au candidat assez peu scrupuleux pour oser les employer, il arrive souvent, disons-nous, que ces moyens frauduleux ne peuvent être utilisés et cela en raison de la vigilance des surveillants de l'examen.

Une fraude, par exemple, bien simple et qui semble devoir être efficace, est celle qui consiste à emporter pour l'examen un ou plusieurs livres que l'on estime devoir être particulièrement utiles ; ces livres sont, des dictionnaires, des manuels ou des traductions d'auteurs. Mais comme leurs dimensions les rendraient apparents et décèleraient leur présence sur le candidat fraudeur, celui-ci les découpe en cahiers composés seulement de quelques feuillets, les

4.

répartit dans toutes ses poches et même les fixe, les épingle à la doublure de son paletot ou de son gilet ; puis il s'étudie à retrouver sans hésitation telle ou telle partie dont il peut avoir besoin.

Or, bien souvent, ces préparatifs sont inutiles ; le candidat ne peut utiliser les textes qu'il a sur lui, et s'il le tente, il est presque toujours pris sur le fait et en subit les désagréables conséquences.

En 1888, deux candidats ont été mis hors de composition du concours écrit pour l'entrée à l'École Polytechnique, concours qui avait lieu au pavillon de Flore, dans la salle des États ; l'un et l'autre de ces jeunes gens ayant été surpris se servant de notes qu'ils avaient apportées pour la composition de chimie et de physique.

Une fraude qui incontestablement est des moins coupables est celle qui consiste, pour un candidat, au baccalauréat par exemple, à se présenter, en même temps, pendant la même session devant plusieurs Facultés ; le candidat espère ainsi, tout en ne se fiant qu'à son savoir, augmenter les chances de réussite et éviter le retard que lui occasionnerait, en cas d'échec, l'ajournement à une autre session.

L'administration de l'instruction publique considère cette pratique comme une fraude coupable et punit ceux qui la commettent.

Il y a quelques années, un jeune homme s'étant fait inscrire en même temps à la Faculté de Caen et à celle de Paris en vue d'une partie du baccalauréat et ayant échoué dans l'une et réussi dans l'autre, vit cette dernière épreuve annulée et comme punition fut exclu de toutes les Facultés de France.

Nous n'avons pas à apprécier cette rigoureuse mesure, nous la signalons seulement aux candidats qui auraient pu songer à avoir recours à cette double présentation.

CHAPITRE XI

LA TIMIDITÉ.

Inconvénients. — Parfois elle provoque l'indulgence. — Timides et poseurs. — Timidité simulée. — La guérison d'un défaut. — L'action des parents. — Un effort de volonté.

Une timidité exagérée est incontestablement pour un candidat une cause de faiblesse.

Le jeune homme timide qui se trouve tout à coup au milieu de personnes qui lui sont inconnues, en face d'examinateurs dont il s'est exagéré la sévérité, en présence d'un public qui lui est étranger et dont il redoute les appréciations ; ce jeune homme ressent une émotion dont il ne peut se rendre maître, se trouble, entend mal les questions qu'on lui pose, s'embrouille dans ses réponses, balbutie, se trompera dans ses calculs au tableau, et perdant la mémoire et le raisonnement pourra être refusé malgré un savoir incontestable.

La timidité est un défaut, un état de l'esprit qui ne peut être modifié du jour au lendemain, mais qui, cependant, peut se transformer graduellement à la suite d'une sorte de traitement moral, auquel doit se soumettre le jeune homme timide et auquel doivent participer ses amis, ses parents, ceux qui vivent avec lui. Ce traitement consiste en somme, comme on le sait, à exercer l'individu timide à avoir peu à peu confiance en lui-même.

C'est surtout pour les jeunes gens timides qu'il est indispensable de s'aguerrir au point de vue des interrogations, par des examens d'essais souvent répétés et par la fréquentation assidue des salles d'examens où ils auront à se présenter dans un avenir prochain.

Notons cependant que parfois un peu de timidité ne nuit pas au candidat et les examinateurs sont beaucoup plus indulgents pour un jeune homme un peu timide, que pour un candidat semblant fanfaron, ou trop sûr de lui-même.

Voici à ce sujet une anecdote que l'on attribue à Gambetta :

« Sur les bancs du collège le futur tribun s'était lié d'amitié avec un de ses compatriotes assez intelligent, mais cancre de la plus belle eau.

Si cancre qu'il refusait d'essayer de doubler le cap du baccalauréat.

Gambetta lui remonta le moral.

— Tu seras à côté de moi, lui dit-il ; une heure me suffit pour ma composition écrite, et en vingt minutes, je bâclerai la tienne.

— Oui, mais l'épreuve orale ?

— Ne crains rien ; mais, d'abord, rase-moi cette moustache qui te donne l'air casse-assiettes ; enlève-moi aussi cette culotte de gandin et fais-moi le plaisir de mettre un pantalon de l'année dernière... court, beaucoup trop court... Maintenant, laisse les bras ballants, affecte un air assez godiche et suis-moi.

Et il le conduit dans cet accoutrement chez le doyen, auquel il explique le plus gravement du monde que son ami, excellent élève, n'ose pas se présenter à cause d'une timidité insurmontable.

Tel fut son aplomb, telle sa force d'éloquence persuasive, que le doyen se laissa prendre à cette comédie et ne posa au candidat que des questions extrêmement faciles qui lui permirent d'obtenir le fameux diplôme qu'il n'avait jamais osé entrevoir dans ses rêves. »

CHAPITRE XII

EXAMENS EN CHINE.

Le pays des examens. — Un concours à Canton. — L'isole-
ment des candidats. — La punition des fraudes. — Sup-
plices et coups de bambou. — Parchemins et boutons de
cristal.

Les examens en Chine méritent une attention
spéciale en raison du rôle important qu'ils jouent
dans l'organisation de ce vaste empire.

Dans aucune des contrées de l'Europe, les
examens ne sont ni aussi nombreux, ni aussi
fréquents qu'ils ne le sont en Chine.

Ces examens ont pour but de conférer soit des
grades, des titres honorifiques ou de donner ac-
cès aux fonctions publiques et aux divers degrés
de la hiérarchie administrative.

Voici, à titre d'exemple, d'après un voyageur,
dans quelles conditions a lieu le grand examen

trisannuel de Canton, auquel prennent part un nombre considérable de jeunes étudiants.

Dans une vaste enceinte à peu près carrée, on installe en vue de l'examen une sorte de petite ville provisoire, se composant de près de douze mille loges, des espèces de niches ayant 1m,20 de large sur 2m de profondeur environ. Chacune d'elles est destinée à abriter un candidat et à l'isoler d'une façon absolue.

Au fond, sur un côté de cette enceinte, se trouvent les logements des trois mille maîtres, examinateurs, surveillants et domestiques, nécessaires pour diriger et faire vivre cette armée de candidats.

Tous les trois ans, le huitième jour de la huitième lune, les postulants au grade de lettré, qui ont déjà passé heureusement le premier examen, ou troisième degré, se réunissent de tous les points de la province et sont enfermés dans ces niches pour exécuter les compositions du second degré. S'ils sont reçus, ils vont ensuite à Pékin subir les épreuves du premier degré.

Pour les épreuves du second degré, celles qui se passent dans le chef-lieu de la province, à Canton, par exemple, il y a trois épreuves. A chacune d'elles, les candidats restent enfermés pendant vingt-quatre heures dans une de ces cages ; à la porte se tient un soldat armé d'une lance ayant la consigne d'éloigner tout profane.

Les fraudes dans les examens sont punies en Chine avec une rigueur extrême. Si deux candidats parvenaient à se communiquer leurs compositions, ils seraient condamnés à mort et exécutés immédiatement devant tous leurs camarades assemblés. Si un candidat a essayé de s'aider dans la composition de notes ou d'ouvrages apportés du dehors, il est puni du supplice de la cangue.

Notons également que le candidat qui, dans sa composition, s'est montré trop faible, trop inférieur, est accusé d'avoir témérairement osé se présenter et doit recevoir cinquante coups de bambou sur la plante des pieds.

Les étudiants doivent aussi observer scrupuleusement certaines règles qui défendent d'écrire en toutes lettres le nom des grands ancêtres et des personnages célèbres de la Chine, assez connus pour qu'une seule initiale puisse les désigner.

Écrire leur nom en entier serait un manque de respect à leur égard, et cette faute serait châtiée par un certain nombre de coups de bambou.

Les sujets de composition donnés aux candidats sont, par exemple, des dissertations sur un principe de morale dans le genre de ceux-ci :

« La fidélité et la générosité nous éloignent bien peu de la vertu. » Ou bien : « Celui qui aime sincèrement la vertu la met au-dessus de toutes choses. »

Sur ces données, le candidat doit fournir un certain nombre de pages. On prétend que les compositions les mieux notées sont celles qui renferment le plus grand nombre de citations et d'extraits d'auteurs illustres.

Le candidat, paraît-il, doit plus se fier à sa mémoire qu'à son jugement.

La proclamation des lauréats se fait avec beaucoup de solennité devant les vieux mandarins vêtus magnifiquement. C'est en quelque sorte une distribution de prix ; les lauréats sont appelés et reçoivent comme récompense une paire de chaussures à semelles épaisses et un bonnet surmonté du bouton qui constitue l'insigne du nouveau grade qu'ils viennent d'acquérir.

Après avoir vu comment se passent les examens en Chine, le pays classique des concours et des épreuves de ce genre, nos candidats qui se plaignent si souvent des conditions dans lesquelles se font les examens en France, de la rigueur de leurs juges et de la sévérité de la répression en cas de fraude, se trouveront peut-être désormais favorisés du sort, comparativement, tout au moins, à leurs jeunes collègues du Céleste Empire.

CHAPITRE XIII

QUESTIONS EMBARRASSANTES

Langue française. — Grammaire. — Étymologies. — Homonymes, etc.

Les épreuves sur la langue française soit à
l'examen écrit soit à l'oral, sont la cause fré-
quente de refus immérités.

La langue française a tout d'abord de nombreuses subtilités sur lesquelles les érudits, les acadé-
miciens discutent et n'ont pu encore s'entendre ;
et dès lors les candidats ont parfois le droit d'être
hésitants.

Dans les circulaires, les bulletins, envoyés par
le ministère de l'instruction publique aux professeurs, se trouve fréquemment l'avis, qu'à l'avenir telle ou telle difficulté devra être interprétée
de telle ou telle façon dans l'enseignement et

par suite dans les examens. Les candidats non prévenus sont exposés à commettre des fautes inconscientes et à en subir les fâcheuses conséquences.

Dans la plupart des examens il y a, au point de vue de l'orthographe, un nombre maximum de fautes au-dessus duquel le candidat est éliminé. Il y a de plus, généralement, un texte « officiel » auquel doivent être conformes les bonnes copies, s'il y a des mots dont l'orthographe peut être l'objet de diverses interprétations, c'est celle du texte officiel qui fait foi.

On conçoit qu'avec ce système un candidat qui aura donné à une difficulté orthographique une interprétation différente de celle admise par les examinateurs, ou qui aura commis une faute d'étourderie, pourra facilement, même s'il n'a que deux ou trois demi-fautes d'accent ou de ponctuation, dépasser les « trois fautes » au-delà desquelles dans beaucoup d'examens on est refusé.

Un certain nombre de hauts personnages de l'université ou du journalisme, parmi les premiers nous citerons MM. Renan, Michel Bréal, et parmi les seconds MM. Sarcey, Frary, Balze, se sont élevés contre ce « maximum » de fautes au delà duquel les candidats sont impitoyablement refusés, et proposent avec juste raison de laisser à l'appréciation du jury l'estimation de la valeur des fautes commises par le candidat.

Cette valeur est en effet bien différente suivant les cas.

Les fautes les plus monstrueuses sont presque toujours le résultat de l'étourderie ou de l'inattention. Le candidat instruit est préoccupé des difficultés qu'il rencontre et qu'il s'attache à résoudre et oubliera de mettre un S à un pluriel, ou passera une lettre dans un mot d'orthographe usuel.

Il omettra un point sur un i, une barre à un t, une virgule ; ou un point à la fin d'une phrase bien que la suivante soit à la ligne et qu'il la fasse commencer par une majuscule. Ces fautes évidemment sont bien peu importantes et cependant en se totalisant elles peuvent faire échouer un jeune homme très instruit.

Pour les éviter on ne saurait trop conseiller aux candidats, une fois leur copie terminée, de la relire avec attention, et cela, « la plume à la main, » suivant le texte, non pas seulement ligne par ligne, mais lettre par lettre, ce qui est le meilleur procédé de fixer l'attention sur les petits détails, dont l'omission peut constituer de grosses fautes.

Cette importance de relire un texte en le suivant de la pointe de la plume, est bien connue des « correcteurs d'imprimerie, » dont le travail journalier consiste à signaler sur les « épreuves, » avant le tirage du livre ou du journal, les fautes et les erreurs commises par les typographes, où les fautes d'étourderie ou d'inattention laissées par les écrivains ou les journalistes, auteurs du texte imprimé.

Les lecteurs sont quelquefois surpris de trouver dans le livre ou dans le journal qu'ils ont sous les yeux, dans l'ouvrage qu'ils étudient, de grosses fautes, une lettre pour une autre, un mot écrit d'une façon baroque, des redoublements de lettres là où il n'en fallait pas, des omissions, des lettres retournées, etc., et pourtant ce texte a été généralement revu, corrigé à plusieurs reprises par l'auteur du travail et par le correcteur de l'imprimerie. Ces fautes montrent la facilité avec laquelle on peut laisser dans une copie des fautes d'étourderie, et l'importance et le soin que les candidats doivent apporter à relire attentivement leur texte avant de le remettre à l'examinateur.

Ce moyen permet d'éviter facilement le danger de l'élimination, par suite de ces graves fautes d'étourderie qui dépendent non du manque de savoir mais d'un moment d'inattention et peuvent être commises par le candidat le plus instruit.

Les interprétations orthographiques ont fait échouer bien des jeunes gens.

En voici un exemple :

A une session d'examen la dictée de français renfermait la phrase suivante :

« .... On lui posa sur le corps une meule de fer rougi. »

Devait-on écrire — rougi ou rougie — faire l'accord avec le mot « meule » ou avec « fer »? L'un était aussi rationnel que l'autre. On pouvait dire en effet que c'est le fer qui rougit au feu, mais d'un autre côté si l'on considère « meule de fer » comme une expression collective, cette expression étant du féminin son adjectif devra prendre le féminin et on devra écrire « rougie. »

Dans cet examen le texte officiel portant « une meule de fer rougi. » Une quinzaine de candidats furent refusés pour n'avoir pas suivi cette interprétation.

Autre exemple :

On écrit « une lame d'acier poli. »

Mais doit-on écrire : « Une lame d'acier damassé ? »

Est-ce la lame ou l'acier qui est damassé ?

Dans les cas analogues et chaque fois qu'un accord sujet à diverses interprétations se présente, le candidat, après avoir suivi l'orthographe qui lui semble préférable, fera bien de mettre près du mot en discussion un renvoi, correspondant à une note du bas de la page dans laquelle il expliquera « qu'on pourrait aussi bien dire.... » en suivant telle ou telle interprétation, et donner en quelques mots les raisons qui l'ont déterminé pour la forme qu'il a adoptée.

Bien que cette annotation ne soit pas dans les usages des examens, il semble impossible que les examinateurs reprochent à un candidat, et lui comptent comme faute, le fait de n'avoir pas employé une forme orthographique que lui-même signale dans son annotation.

5.

Dans l'examen oral sur la langue française, il y a tout un genre de questions qui demandent pour facilement y répondre, un grand sang-froid et une facile coordination des idées. Ce sont les définitions de mots ayant à peu près la même consonnance : Les homonymes et les quasi-homonymes.

Les examinateurs aiment en général à faire ce genre de question ; y répondre vite exige une sorte de gymnastique de la mémoire, la pensée ayant à se porter successivement, pour les défi-nir, sur deux objets d'ordre presque toujours très différents.

En voici quelques exemples :

Quelle est la différence :

Entre amnistie et armistice ;

Entre un barde et une barde ;

Entre un basilic et une basilique ;

Entre un billion et le billon ;

Entre un brocard et du brocart ;

Entre un cal et une cale ;

Entre un coche et une coche ;

Entre un comte, un conte, et un compte ;

Entre un coq et une coque ;

Entre un dessein et un dessin ;

Entre ecchymose et esquimau ;

Entre l'écho et l'écot ;

Entre un filtre et un philtre ;

Entre un foudre et la foudre ;

Entre un risque et une rixe ;

Entre une cession, une session, une scission ;

Entre une taie et un têt ;

Entre le tain, le teint et le thym ;

Entre une tribu et un tribut ;

Entre du vair, un ver, un verre, — le vert.

D'autres questions sont embarrassantes parce que généralement on n'a pas réfléchi antérieurement à leur sujet, elles sont relatives à l'origine de mots et surtout de mots usuels.

Ainsi :

Quelle est l'origine du mot papier ?

Quelle est l'origine du mot plume (à écrire) ?

Quelle est l'origine du mot crayon ?

Quelle est l'origine du mot feuillet ?

Quelle est l'origine du mot journal ?

Et dans un autre ordre d'idées :

Quelle est l'origine du mot boulanger ?

Quelle est l'origine du mot charcutier ?

Quelle est l'origine du mot cordonnier ?

Les questions sur les étymologies des mots de la langue française sont aussi fréquentes.

Voici un autre genre de questions embarrassantes relatif à la valeur des mots.

L'examinateur demande par exemple :

— Le melon est-il un fruit ou un légume ?

Un jeune candidat répondit à cette question :

— Au point de vue botanique le melon est un fruit puisqu'il succède à une fleur, au point de vue de l'alimentation quand on le consomme au milieu du repas on peut dire que c'est un légume.

Cette réponse fut trouvée bonne.

CHAPITRE XIV

QUESTIONS EMBARRASSANTES SUR LA GÉOGRAPHIE.

Dans les interrogations d'histoire et de géographie souvent les candidats sont embarrassés parce que l'examinateur au lieu de leur demander un fait simple, où une nomenclature précise, les force à faire un rapprochement entre des faits ou des choses qui dans le cours des classes sont étudiées séparément.

Ainsi en géographie, l'interrogation sous forme de voyage est très employée. En voici quelques exemples :

Demande : Un bateau doit aller de Brest à Marseille par les canaux et rivières, par où passera-t-il ?

Demande : En suivant le littoral de Dunkerque à Brest, par quelles villes passe-t-on, quels fleuves, golfes, caps, rencontre-t-on ?

Demande : Un navire va d'Odessa à Bombay (sans passer par le canal de Suez). Quels sont les détroits, les mers qu'il traverse, les îles, les côtes, cap, golfes devant lesquels il passe ?

Demande : Quels sont les ports de la mer du Nord ?

Demande : Quels sont les fleuves qui se jettent dans la mer Baltique ?

Demande : Pouvez-vous citer plusieurs villes ou localités en France portant le nom de Ville-franche ?

Demande : Connaissez-vous Villefranche-sur-Saône (Rhône) ?

Connaissez-vous Villefranche de Rouergue (Aveyron) ?

Connaissez-vous Villefranche dans la Haute-Garonne ?

Connaissez-vous Villefranche-sur-Mer (Alpes-Maritimes).

Connaissez-vous Villefranche du Tarn ?

Connaissez-vous les deux Villefranche de la Dordogne ?

A ce propos nous ferons remarquer que parfois un léger changement apporté par un examinateur à un nom géographique peut tromper le candidat.

Ainsi un examinateur demande à l'un de ceux-ci :

Demande : Dans quel département se trouve *Villefranche-sur-Saône* ?

Cette qualification de « sur Saône » est une cause d'hésitation pour le jeune homme qui ne reconnaît pas sous ce nom Villefranche, sous-préfecture du département du Rhône.

Demande : Où se trouve Dol et où se trouve Dôle ?

Demande : Où se trouve Dinan et où se trouve Dinant ?

Une question embarrassante pour les candidats qui n'ont pas suffisamment dans la mémoire l'image de la carte d'Europe, est la suivante :

Demande : La ville de Londres est-elle à l'est ou à l'ouest du méridien de Paris ?

Ou encore : L'heure astronomique de Londres est-elle en avance ou en retard par rapport à celle de Paris ?

Réponse : Londres est à l'ouest du méridien de Paris.

Ce genre de questions comporte naturellement une grande variété. Celles-ci peuvent porter sur la latitude aussi bien que sur la longitude.

Demande : La ville de New-York est-elle au nord ou au sud de la latitude de Paris ?

La même question peut être faite pour l'île de Terre-Neuve.

Généralement les candidats sont portés à croire que l'une et l'autre sont beaucoup au nord de la latitude de Paris. C'est une erreur.

Demande : En face de quelle île se trouve La Rochelle ?

Demande : Quels sont les départements français du littoral ?

Demande : Quels sont les départements traversés par la Charente ?

Demande : Dans quel département se trouve l'embouchure de la Rance ?

Autres questions :

Demande : Quel est le département qui compte le plus de sous-préfectures ?

Réponse : Le département du Nord.

Demande : Quel est le département qui contient le moins de sous-préfectures ?

Réponse : Le département de la Seine.

CHAPITRE XV

QUESTIONS EMBARRASSANTES SUR L'HISTOIRE.

En histoire, souvent les interrogations portent sur un rapprochement à faire entre plusieurs règnes ou entre plusieurs événements.

Ou encore sur une particularité, une remarque résultant d'un groupement de faits.

Parfois ces rapprochements sont des points d'érudition, ne constituent qu'une simple curiosité. Il peut cependant être utile d'en connaître quelques-uns, afin d'être prévenu en cas d'interrogations de ce genre dans un examen.

Quelques auteurs ont fait une étude spéciale des « coïncidences historiques. »

Voici les principales remarques qu'ils ont pu faire :

Coïncidences historiques.

Demande : Quels sont les deux plus longs règnes de toute l'histoire de France ?

Réponse : Ce sont les règnes de Louis XIV et de Louis XV; le premier a duré 72 ans (de 1643 à 1715), le second 59 ans (de 1715 à 1774).

Demande : Quels sont, indépendamment des règnes de Louis XIV et de Louis XV, les autres règnes ayant duré plus de 40 ans ?

Réponse : Philippe I a régné 48 ans (de 1060 à 1108).

Charlemagne a régné 46 ans (de 768 à 814).

St-Louis a régné 44 ans (de 1226 à 1270).

Louis VII le Jeune a régné 43 ans (de 1137 à 1180).

Charles VI a régné 42 ans (de 1380 à 1422).

Demande : N'a-t-on pas fait une remarque curieuse sur la durée des règnes des quatre premiers rois de la deuxième race ? (Carlovingiens).

Réponse : On a remarqué que les nombres 16, 26, 36+1 et 46 exprimaient la durée des règnes des quatre premiers rois de la deuxième race.

Pépin le Bref a régné 16 ans (de 752 à 768).

Charlemagne a régné 46 ans (de 768 à 814).

Louis le Débonnaire a régné 26 ans (de 814 à 840).

Charles le Chauve a régné 36 ans +1, soit 37 ans (de 840 à 887).

Demande : Quelle était la mère de Charlemagne ?

Réponse : Berthe au grand Pied, femme de Pépin le Bref.

Demande : Charlemagne et sa mère n'avaient-ils pas une ressemblance commune ?

Réponse : De grands pieds.

Demande : Précisez.

Réponse : Le pied de Charlemagne a servi de mesure de longueur pendant longtemps. La reine Berthe a été surnommée Berthe au grand Pied.

Demande : Quels sont les rois qui ont régné moins d'une année ?

Réponse : Louis V (de 986 à 987).

François II (de 1559 à 1560).

Demande : Quels sont les règnes ayant duré un nombre exact de dizaines d'années ?

Réponse : Charles le Simple a régné 30 ans (de 893 à 923).

Napoléon a régné 10 ans (de 1804 à 1814).

Louis XVIII a régné 10 ans (de 1814 à 1824).

Demande : A-t-on fait une remarque au sujet de ces règnes?

Réponse : Charles le Simple est mort à Péronne en 929, tenu en captivité par ses sujets révoltés.

Napoléon Ier et Louis XVIII sont morts en exil.

Demande : Quels sont les siècles pendant lesquels il y a eu le plus grand nombre d'avènements de rois?

Réponse : Pendant le neuvième siècle, il y a eu 8 avènements au trône :

1° Louis le Débonnaire, en 814 ;

2° Charles le Chauve, en 840 ;

3° Louis II le Bègue, en 877 ;

4° et 5° Louis III et Carloman, en 879 ;

6° Charles le Gros, en 884 ;

7° Eudes, en 887 ;

8° Charles le Simple, en 893.

Dans le quatorzième siècle, il y a eu 7 avènements :

1° Louis X, en 1314 ;

2° Philippe V, en 1316 ;

3° Charles IV, en 1322 ;

4° Philippe VI de Valois, en 1328 ;

5° Jean, en 1350 ;

6° Charles V, en 1364 ;

7° Charles VI, en 1380.

Demande : Quels sont les siècles pendant lesquels il y a eu le moins d'avènements ;

Réponse : Pendant le douzième siècle, il n'y a eu que 3 avènements. ceux de :

1° Louis VI, en 1108 ;

2° Louis VII, en 1137 ;

3° Philippe-Auguste, en 1180.

Dans le onzième, le dix-septième et le dix-huitième siècles, il n'y a eu que deux avènements :

1° Henri Iᵉʳ, en 1031 ;

2° Philippe Iᵉʳ, en 1060.

Dans le dix-septième :

1° Louis XIII, en 1610 ;

2° Louis XIV, en 1643.

Dans le dix-huitième :

1º Louis XV, en 1715 ;

2º Louis XVI, en 1774.

Demande : Quelles sont les dates de morts et d'avènements de rois qui se terminent par un zéro ?

Réponse : En 840, mort de Louis le Débonnaire, avènement de Charles le Chauve.

1060, mort de Henri Iᵉʳ, avènement de Philippe Iᵉʳ.

1180, mort de Louis VII le Jeune, avènement de Philippe-Auguste.

1270, mort de Saint-Louis, avènement de Philippe III le Hardi,

1350, mort de Philippe VI, avènement de Jean le Bon.

1380, mort de Charles V, avènement de Charles VI.

1560, mort de François II, avènement de Charles IX.

1610, mort de Henri IV, avènement de Louis XIII.

Demande : Quels sont les rois de France qui ont eu à subir une captivité ?

Réponse : 1º Louis le Débonnaire fut fait prisonnier par ses trois fils, Lothaire, Pépin et

Louis le Germanique. Cet événement eut lieu dans un endroit désigné par ce fait sous le nom de Champ du Mensonge ;

2° Charles Simple, vaincu par ses sujets révoltés, fut retenu prisonnier à Péronne en 923. Il était sous la garde d'Herbert comte de Vermandois ;

2° St-Louis fut fait prisonnier par les Sarrazins en 1250 ;

4° Le roi Jean est fait prisonnier en 1356 à la bataille de Poitiers ;

5° Louis XI fut pendant trois jours prisonnier de Charles le Téméraire ;

6° François Iᵉʳ fut fait prisonnier à la bataille de Pavie en 1525 ;

7° Louis XVI fut enfermé au Temple le 13 août 1792 ;

8° Napoléon fut déporté à Sainte-Hélène par les Anglais en 1815 ;

9° Napoléon III fut fait prisonnier par les Allemands à la bataille de Sedan.

Ainsi neuf rois de France ont été faits prisonniers.

Demande : Quels sont les rois ayant péri de mort violente ?

Réponse : 1° Louis III est tué dans une chute de cheval en 882 ;

2° Carloman, frère de Louis III, est tué accidentellement par une flèche en 884 ;

3° Robert Ier est mort en combattant contre Charles V en 923 ;

4° Charles VII s'abstient de toute nourriture et meurt de faim en 1461, par crainte que le Dauphin, depuis Louis XI, ne le fasse empoisonner ;

5° Henri II meurt en 1559 d'une blessure reçue accidentellement dans un tournois en joutant contre le comte de Montgomery ;

6° Henri III meurt en 1589 assassiné par le fanatique Jacques Clément ;

7° Henri IV, le 14 mai 1610, est tué par Ravaillac ;

8° Louis XVI est décapité le 21 janvier 1793.

Huit rois de France ont donc péri de mort violente.

Demande : Quelles sont les régences qui ont eu lieu en France ?

Réponse : Ce sont celles de :

1° Beaudoin comte de Flandre, qui fut régent pendant la minorité de Philippe Ier ;

2° Blanche de Castille fut régente pendant la minorité de Louis IX ;

3° Le duc d'Anjou, frère de Charles V, fut régent pendant la minorité de Charles VI ;

4° Anne de France, dame de Beaujeu, exerça une véritable régence pendant la minorité de Charles VIII ;

5° Catherine de Médicis exerça également la régence pendant la minorité de son fils, Charles IX ;

6° Marie de Médicis fut nommée par le Parlement, régente du royaume au nom de son fils, Louis XIII ;

7° Anne d'Autriche, mère de Louis XIV, fut également nommée régente pendant la minorité de celui-ci ;

8° Le duc d'Orléans, Philippe II, fut régent du royaume pendant la minorité de Louis XV.

Demande : Pouvez-vous me citer un exemple remarquable de fidélité à sa parole, de la part d'un roi de France ?

Réponse : Le roi Jean, fait prisonnier à Poitiers par les Anglais en 1356, fut conduit en Angleterre ; il lui fut permis de revenir en France pour réunir sa rançon, mais n'ayant pu payer celle-ci, il retourna en Angleterre.

Demande : N'a-t-on pas remarqué que, à chaque fois que trois frères ont régné de suite, il y a eu un changement de dynastie ?

Réponse : Philippe IV, mort en 1314, laissa trois fils, qui se succédèrent au trône de France :

Louis X, en 1314 ;

Philippe V, en 1316 ;

Et Charles IV, en 1322. Celui-ci fut le dernier représentant des Capétiens directs et après lui commença le règne des Valois.

Henri II eut trois fils qui régnèrent successivement :

François II, en 1559 ;

Charles IX, en 1560 ;

Henri III, en 1574.

Ce fut la fin des Valois.

Demande : A-t-on fait une remarque, un rapprochement entre la date de la chute des Bourbons et celle de leur avènement au trône ?

Réponse : Les Bourbons furent détrônés en 1789, deux siècles après leur avènement au trône de France en 1589.

Demande : A-t-on fait un rapprochement entre Charles X et Charles III?

Réponse : Charles X monta sur le trône en 1824. Or ce nombre 1824 est le double du chiffre 912 qui est la date à laquelle Charles III cédait la Normandie à Rollon par le traité de Saint-Clair-sur-Epte.

Demande : A-t-on fait une remarque relativement à la mort de plusieurs rois de France ayant porté le nom de Henri?

Réponse : Sur quatre rois qui ont porté le nom de Henri, les trois derniers ont péri de mort violente :

Henri II blessé mortellement dans un tournois en 1559 ;

Henri III assassiné par Jacques Clément en 1589 ;

Henri IV assassiné par Ravaillac en 1610.

Demande : N'a-t-on pas observé une certaine symétrie dans la succession des trois premiers rois nommés Philippe et des rois portant le nom de Louis?

Réponse : Entre les règnes des trois premiers rois nommés Philippe, deux Louis s'interposent :

Philippe Ier, 1060 ;

Louis VI le Gros, 1108 ;

Louis VII le Jeune, 1137 ;

Philippe II Auguste, 1180 ;

Louis VIII, 1223 ;

Louis IX, 1226 ;

Philippe III le Hardi, 1270.

Demande : N'a-t-on pas fait quelques remarques curieuses sur diverses dates relatives au règne de Louis XIV ?

Réponse : L'addition des chiffres de la date de l'avènement de Louis XIV, soit 1643, et l'addition des chiffres de la date de sa mort, 1715, donnent le chiffre 14.

Ce chiffre 14 est encore obtenu par l'addition des deux chiffres de l'âge atteint par Louis XIV, 77 ans.

Les deux chiffres indiquant la durée de son règne, 72 ans multipliés l'un par l'autre donnent également le nombre 14.

On trouve encore ce nombre par l'addition des chiffres des dates suivantes :

1643, bataille de Rocroy, conquête de l'Artois et du Roussillon ;

1652, la fronde. Le prince de Condé manque

de prendre le jeune roi à Blenneau, sur la Loire ;

1661, mort de Mazarin. Louis XIV gouverne par lui-même ;

1670, Bossuet est nommé précepteur du dauphin. Traité d'alliance avec l'Angleterre contre la Hollande. Construction des Invalides.

Louis XIV est majeur à 14 ans. D'après l'ordonnance de 1374, édictée par Charles V, relative à l'ordre de la majorité des rois.

C'est un 14 que meurt Louis XIII, son père (14 mai).

Demande : A-t-on fait une remarque sur les dates 1515 — 1715 — 1815.

Réponse : En 1515, eut lieu la mort de Louis XII.

En 1715, eut lieu la mort de Louis XIV.

En 1815, eut lieu la captivité de Napoléon Ier.

Demande : Y a-t-il une relation entre la durée du règne de Louis d'Outre-mer et les dates de son avènement et de sa mort ?

Réponse : Louis d'Outre-mer régna pendant 18 ans, de 936 à 954.

En additionnant les chiffres de chacune de

ces deux dates, l'on obtient le nombre 18.

$$9+3+6=18,$$
$$9+5+4=18.$$

Demande : A-t-on fait une remarque chronologique entre le règne de Charlemagne et celui de Napoléon Ier ?

Réponse : En 814, eut lieu la fin du règne de Charlemagne, et 1000 ans après la fin du règne de Napoléon Ier.

Cet intervalle de mille années est séparé en deux parties par la mort de Philippe le Bel, 1314.

CHAPITRE XVI

QUESTIONS SUR LES MATHÉMATIQUES. — ARITHMÉTIQUE ET CALCUL.

Dans l'examen oral sur les mathématiques, à quelque degré que ce soit, le candidat placé debout près du tableau noir, et attendant les questions de l'examinateur, se sent toujours quelque peu gêné par les regards qui sont dirigés vers lui. Il est évidemment dans des conditions peu favorables pour bien réfléchir avant de répondre, aussi se trouve-t-il parfois embarrassé par des questions très simples, qui ne demandent pour être résolues qu'un instant de sang-froid.

Notons à ce sujet que, généralement, l'examinateur saura gré au candidat si celui-ci arrive à la solution du problème, par un raisonnement bien apparent, bien suivi, qu'il présente à haute voix dans tout son enchaînement.

On peut dire que parmi les candidats qui échouent à l'examen oral en mathématique, beaucoup le doivent à des réponses trop hâtives, insuffisamment réfléchies.

Ces questions sont même parfois embarrassantes par leur simplicité.

En voici quelques exemples :

Très fréquemment les examinateurs posent au candidat une question dans laquelle il y a à additionner des quantités d'ordres différents, tels que des mètres cubes, des litres et des centimètres cubes.

La règle à suivre pour résoudre ce genre de problème, consiste, comme on le sait, à réduire toutes les données sous une même unité, soit en centimètre cube.

Demande : Ecrivez au tableau trois mètres cubes quarante-deux litres quatre décilitres et huit centimètres cubes ?

Réponse : Par rapport au mètre cube et à ses divisions, cette quantité se compose de :

3000 décimètres cubes,

42 litres ou décimètres cubes,

4 décilitres ou 400 centimètres cubes,

8 centimètres cubes.

Ce qui donne un total de 3 mc. 042 dmc. 408 cc.

Par rapport au litre cette quantité se compose de trois mille litres plus quarante-deux litres, plus quarante centilitres, plus huit millilitres.

Autre question du même genre :

Demande : Combien y a-t-il de décilitres dans un mètre cube ?

Réponse : Un litre ou un décimètre cube équivaut à dix décilitres, or, comme il y a dans un mètre cube mille décimètres cubes ou mille litres il y aura dix fois plus de décilitres ou dix mille.

Demande : Écrivez au tableau : trois kilomètres vingt-cinq mètres quinze centimètres.

Réponse : Pour résoudre cette question, il est évident que le candidat n'a qu'à additionner 3000 + 25 + 0,15.

Ce genre de questions est, nous le répétons, fréquemment employé par les examinateurs.

Voici d'autres questions faciles à résoudre par un rapide raisonnement.

Demande : Quel est le tiers et demi de cent ?

Réponse : $\frac{1}{3} = \frac{2}{6}$ dont la moitié (la demie) est $\frac{1}{6}$. Un tiers et demi vaudra donc $\frac{2}{6} + \frac{1}{6} = \frac{3}{6} = \frac{1}{2}$.

Le tiers et demi de cent est donc $\frac{100}{2}$, la moitié de cent, ou cinquante. *Rép.* 50.

Demande : Combien y a-t-il de tiers de poires dans une poire ?

Demande : Six pommes ont été partagées chacune en 4 morceaux égaux. Si l'on prend tous les morceaux des cinq premières et 3 morceaux de la sixième, combien en aura-t-on en tout ?

Réponse : 23 morceaux.

Demande : Combien en restera-t-il ?

Réponse : Un morceau.

Demande : On partage 12 douzaines de plumes en 24 élèves, combien chacun a-t-il de plumes ?

Réponse : Une demi-douzaine ou 6.

Demande : Combien de boutons peut-on avoir pour 5 francs à raison de 1 franc la douzaine ?

Réponse : 5 douzaines ou 60 boutons.

Demande : Quel est le poids d'une pièce de 20 francs ?

Réponse : 6 grammes 4 (1).

1. Nous rappellerons que nous avons donné dans « *l'Art d'aider la mémoire* », un procédé pour retenir facilement le poids et les dimensions des pièces d'or, d'argent et de bronze.

CHAPITRE XVII

QUESTIONS EMBARRASSANTES.

SCIENCES PHYSIQUES ET NATURELLES.

Dans les examens portant sur les sciences phy-siques, les questions embarrassantes sont souvent celles qui portent sur des faits que chacun est à même d'observer journellement, mais qui, bien qu'étant des applications scientifiques, ne se trou-vent généralement pas dans les livres classiques.

Les candidats hésitent parfois ou répondent mal parce qu'ils ne s'attendent pas à ce genre de questions, ils n'y sont pas préparés. Dans le cours des études sur les sciences physiques, le temps dont on dispose est presque toujours trop limité pour qu'il soit possible de voir autre chose que l'étude des grandes lois, et les expériences clas-siques qui les démontrent, mais fort peu d'applications. Il est vrai que beaucoup de ces lois pourraient être étudiées et démontrées par des faits de la vie journalière, mais ce n'est pas l'usage, ni dans l'enseignement universitaire, ni dans la plupart des établissements privés et les candidats qui se présentent aux examens n'en sont pas responsables. Leur embarras est donc excusable quand les examinateurs leur posent des questions dans le genre des suivantes :

Demande : Pourquoi, lorsque votre soupe est trop chaude, commencez-vous à prendre avec la cuillère ce qui se trouve aux bords de votre assiette ?

Demande : Pourquoi un verre de cristal se brise-t-il si l'on y verse un liquide bouillant ?

Demande : Pourquoi l'eau placée dans une marmite sur le feu bouillira-t-elle plus vite, si on place un couvercle sur cette marmite. Quand même ce couvercle ne fermerait pas hermétiquement ?

Demande : Pourquoi l'eau d'un syphon d'eau de Seltz jaillit-elle avec violence ?

Demande : Pourquoi ce jaillissement augmente-t-il si l'on agite préalablement le syphon ?

Demande : Pourquoi la fumée s'élève-t-elle dans l'atmosphère ? Qu'est-ce que la fumée ?

Demande : Pourquoi une corde diminue-t-elle de longueur si on vient à la mouiller ?

Demande : Pourquoi les cheminées de verres que l'on met aux lampes donnent-elles à la flamme une plus grande intensité lumineuse ?

Demande : Dessiner, au tableau ou sur une feuille de papier les dimensions sous lesquelles on croit voir le soleil et la lune.

Demande : Expliquer la formation des bulles de savon ?

Demande : Pourquoi l'atmosphère des caves et des excavations souterraines paraît-elle chaude en hiver et fraîche en été ?

Demande : Pourquoi le souffle éteint-il la flamme d'une bougie et augmente-t-il l'incandescence d'un charbon ?

Ou encore :

Demande : Pourquoi le souffle réchauffe-t-il les doigts et refroidit-il la soupe ?

Demande : Pourquoi un brasier ardent est-il éteint si l'on y jette une certaine quantité d'eau ?

Demande : Inversement, pourquoi les forgerons aspergent-ils leur feu avec de l'eau dans le but d'en augmenter l'intensité ?

Demande : Quelle serait la hauteur moyenne de la colonne de liquide dans un baromètre à eau ?

Demande : Par un calcul très simple pourrait-on déduire quelle serait la hauteur de la colonne de liquide du baromètre à eau, suivant les variations de la pression atmosphérique exprimée par la hauteur de la colonne de mercure dans le baromètre ordinaire ?

Réponse : $H = hm \times 13,6$.

Demande : La déclinaison de l'aiguille aimantée, à Paris, est-elle orientale ou occidentale ?

Demande : Pourquoi l'air agité avec un éventail rafraîchit-il la figure ?

Demande : En agitant un éventail auprès d'un thermomètre, celui-ci indiquerait-il un abaissement de température ?

Dans un examen d'histoire naturelle, l'examinateur demande :

Demande : Pourquoi les poulets relèvent-ils la tête en buvant ?

Demande : Pourquoi êtes-vous porté à ouvrir la bouche quand vous écoutez avec attention ?

Demande : La pomme de terre est-elle un fruit, une racine, une tige ?

Demande : Qu'est-ce qu'un tubercule ?

Demande : L'oignon est-il un fruit, une racine, une tige ?

Demande : Quelle est la différence entre un bulbe et un tubercule ?

Demande : Quelle est la forme particulière des dents incisives à la mâchoire supérieure du bœuf?

Réponse : Le bœuf, ainsi que tous les ruminants, n'a pas de dents incisives à la mâchoire supérieure.

Dans un examen de chimie l'examinateur demande à un candidat : Quels sont les usages de l'eau ?

Les usages de l'eau sont si nombreux et si connus que l'élève, étonné d'une question aussi simple, répond avec une assurance un peu dédaigneuse et énumère la navigation, la force motrice, la vapeur, le blanchissage, etc., et s'arrête croyant avoir bien répondu.

Or l'examinateur le regarde en souriant et lui fait remarquer qu'il a oublié de dire que l'eau était également employée.... comme boisson.

Cet exemple montre le danger des questions trop simples.

CHAPITRE XVIII

QUESTIONS OISEUSES

Colles. — Devinettes scolaires. — Demandes diverses.

On connaît cette devinette populaire :

Pourquoi les meuniers portent-ils des bon-nets blancs ?

Si la personne ainsi interrogée est de bonne foi et cherche une réponse raisonnable, elle peut réfléchir longtemps.

Or la réponse est celle-ci :

Si les meuniers portent des bonnets blancs, c'est pour se couvrir la tête.

Il arrive parfois que des examinateurs facé-tieux posent des questions aussi naïves et aussi simples et ils sont généralement fort heureux quand, de cette façon, ils ont réussi à embar-rasser un candidat.

La plupart de ces questions embarrassantes
ne sont que des devinettes traditionnelles trans-
formées en questions d'examen par leur application à une branche d'études.

Nous en donnons quelques-unes à titre
d'exemple et comparativement quelques devinettes populaires. On verra que pour trouver la
réponse des unes et des autres, il suffit généralement d'un peu de sang-froid et de réflexion,
afin d'en comprendre la simplicité.

Une plaisanterie bien connue consiste à demander à un naïf : « Quelle est celle qui pèse le
plus, une livre de plumes ou une livre de
plomb ? »

Récemment dans un examen un professeur
interroge un candidat sur les sciences physiques
et lui dit :

Demande : L'or et l'argent sont des métaux
très pesants... Pourriez-vous me dire lequel est
le plus lourd, d'un kilogramme d'or ou d'un kilogramme d'argent ?

Le jeune candidat répond étourdiment : Monsieur, c'est le kilogramme d'or.

Il y a lieu de croire qu'il avait confondu le
poids spécifique avec le poids absolu, mais la

forme d'interrogation de l'examinateur provoquait intentionnellement cette confusion.

De même quand un examinateur demande à un candidat :

Demande : De quelle maladie est mort Louis XVI ?

L'élève bien que croyant savoir que Louis XVI a été décapité, hésite en présence de ce qu'il croit être une affirmation de l'examinateur, il est évidemment fort exposé à commettre une erreur dans sa réponse.

Le jeune candidat hésitera également et ne saura que répondre si l'examinateur lui demande :

Demande : Quelle est la date de la bataille où fut tuée Jeanne d'Arc ?

Si l'enfant ne répond pas en faisant le récit du supplice de Jeanne d'Arc, ce sera presque toujours par intimidation.

Autre question oiseuse :

Demande : Quelle était la coiffure ordinaire de César ?

Le candidat songe à toutes les coiffures dont il a entendu parler ; chapeau, bonnet, turban, casque, etc., etc., et ne pense pas que l'exami-

nateur veut lui faire dire que la coiffure « ordinaire » de César était une couronne de laurier.

Demander à un nouveau le nombre d'arches
qu'avait le Pont-Euxin, est une plaisanterie
classique. Elle a donné lieu autrefois à un petit
incident qui fit alors beaucoup de bruit dans le
monde universitaire.

Guizot, l'historien bien connu, venait de pu-
blier une histoire de Cromwell qui avait eu peu
de succès. Il était examinateur à la Sorbonne,
interrogeant un candidat qui, paraît-il, répondait
mal, par dérision il lui demanda : « Vous pour-
riez tout au moins me dire combien d'arches
avait le Pont-Euxin ? »

— C'est facile lui réplique le candidat.... Autant que votre histoire de Cromwell a eu de lecteurs. — Ce fut naturellement un gros scan-
dale.

Une autre plaisanterie d'examen consiste à
introduire la réponse dans la demande, l'élève
interrogé ne s'en aperçoit pas et cherche cette
réponse, la prononçant même en répétant le
texte de la question, ce qui naturellement provoque le sourire des assistants. En voici un
exemple :

Demande : Sem, Cham et Japhet, fils de Noé, quel était leur père ?

Demande : Quelle était la couleur du grand cheval blanc de Napoléon Ier.

Voici dans le même ordre d'idées un problème que beaucoup de personnes non prévenues ne peuvent résoudre sans une certaine réflexion.

Demande : Sur la place du marché une barrique est pleine d'œufs jusqu'à la bonde, à un sou l'œuf, combien la douzaine ?

Ou encore :

Demande : A cinq francs le cent d'œufs, combien la douzaine ?

Demande : Une marchande a un panier de petites poires et un panier de grosses, dans lequel y en a-t-il le plus à la douzaine ?

Autre petite facétie :

Demande : Quel est le mois pendant lequel les enfants sont le moins méchants ?

Réponse : Le mois de février.

Demande : Pourquoi ?

Réponse : Parce que c'est le plus court.

Demande : Qu'est-ce qui ressemble le plus à la moitié d'une orange ?

7

Réponse : L'autre moitié.

Demande : Pourriez-vous me dire où se trouve le milieu de la surface terrestre?

Presque tous les jeunes gens auxquels on adresse cette question veulent la résoudre par le moyen de calculs longs et compliqués.

Ce n'est qu'au bout d'un certain temps qu'ils s'aperçoivent que le milieu de la surface terrestre est, par rapport au lieu où ils se trouvent, le grand cercle passant par ce point.

Ces questions oiseuses, ces demandes embarrassantes pour les candidats, parce qu'elles sont trop simples ou sont facétieuses, se rencontrent à tous les degrés des examens. — Depuis ceux des écoles enfantines jusqu'aux épreuves des écoles supérieures.

C'est ainsi que la question suivante a été posée à l'école de droit, dit-on :

Demande : Un individu peut-il, légalement, épouser la sœur de sa veuve?

L'étudiant interrogé ne se rend pas toujours compte de la valeur des mots qu'il entend, il est porté, au lieu de réfléchir, à chercher dans sa mémoire quelqu'article du code se rapportant à cette question, et ce n'est qu'après un certain

temps qu'il comprend enfin qu'un individu ne
peut laisser une veuve que s'il est mort et par
conséquent « hors d'état » de se remarier.

Ces questions embarrassantes se résolvent facilement quand on les examine de sang-froid, et
surtout quand on a eu occasion d'en voir d'analogues. — C'est afin de réaliser cette dernière
condition que nous en avons présenté un certain
nombre de genres variés, bien que quelques-
unes aient pu paraître naïves ou bien enfantines.

Les unes et les autres ont pour objet de prémunir nos lecteurs contre l'échec des dangereuses interrogations.

CONCLUSION

En résumé, les candidats pourront, comme nous l'avons vu, réussir à se rendre les examinateurs favorables, et éviter de provoquer de leur part des interrogations difficiles, en ayant une bonne tenue, une bonne diction, en répondant avec tact et présence d'esprit, en s'efforçant de conserver toujours leur sang-froid et par suite leurs moyens.

C'est ainsi qu'ils parviendront à faire ressortir favorablement leur réel savoir.

Dans ces conditions, le candidat ainsi prémuni contre le hasard des examens, peut se présenter avec confiance devant ses juges, il aura pour lui toutes les chances favorables, c'est-à-dire sera, dans la mesure du possible, assuré du succès.

CHAPITRE XIX

APRÈS L'EXAMEN.

Les préoccupations cessent. — Succès ou échec. — La détente nerveuse. — L'expérience acquise. — Les bonnes résolutions.

Les différentes épreuves écrites ou orales d'un examen ayant été subies, quel qu'en doit être le résultat, le candidat éprouve un véritable soulagement, une sorte de détente nerveuse, bien que parfois il prévoie un échec ou soit dans le doute.

Mais lorsque le résultat est proclamé, la joie de ceux qui ont été reçus est légitime ; c'est la récompense de leur labeur.

Quant à ceux qui ont échoué, il leur serait superflu de se livrer à des regrets exagérés.

Si l'épreuve qu'ils viennent de subir était un concours, leur échec n'est le fait que d'une infériorité relative vis-à-vis de camarades mieux prémunis.

Si c'était un examen, ils peuvent peut-être excuser leur échec par le hasard d'interrogations difficiles, la rencontre d'un examinateur sévère, des malchances diverses, et se donner la consolation d'atténuer autant que possible leur responsabilité personnelle.

Mais dans l'un et l'autre cas, l'épreuve qu'ils viennent de subir ne leur aura pas été inutile; elle les aura familiarisés avec le genre d'examen, les interrogations à subir, les aura aguerris peut-être contre une intimidation bien naturelle, aura excité leur émulation en vue de l'effort à faire pour qu'ils puissent se présenter à une nouvelle session et subir avec succès cette fois les épreuves de l'examen.

Le candidat refusé doit se rappeler avoir vu dans l'histoire que les plus grands capitaines ont subi des défaites, mais que, loin de se laisser abattre par celles-ci, ils y puisaient une nouvelle énergie et les considéraient comme un motif de redoubler de persévérance et de courage !

FIN

TABLE DES MATIÈRES

SOMMAIRE DES CHAPITRES

FIN DE LA TABLE DES MATIÈRES

Laval. — Imprimerie et Stéréotypie E. JAMIN.

L'ART D'AIDER

LA MÉMOIRE

BIBLIOTHÈQUE D'ÉDUCATION ATTRAYANTE.

169, BOULEVARD MONTPARNASSE, 169. — PARIS.

L'ART D'AIDER
LA MÉMOIRE

APPRENDRE SANS EFFORTS, NE JAMAIS OUBLIER

Par M. GUYOT-DAUBÈS

5e édition. — Un volume de 245 pages. — Figures.
Prix, relié toile, titre or, **4.50**. — Broché, **3.25**.

EXTRAITS

Le rôle de la mémoire dans l'éducation.

Dans le cours des études, et plus tard dans l'exercice d'un très grand nombre de professions, on se trouve constamment en présence de connaissances diverses qui doivent être confiées, d'une façon plus ou moins complète, à la mémoire.

Une mémoire naturelle peu développée est une cause permanente de travail improductif et d'efforts inutiles.

Or, par l'étude méthodique et rationnelle, il est possible d'augmenter considérablement la puissance de l'assimilation cérébrale, de façon à surpasser facilement, dans les études, les résultats que peuvent obtenir les mémoires naturelles les plus privilégiées.

L'Art d'aider la Mémoire n'a pas en somme d'autre but et permet d'acquérir et de retenir le maximum de connaissances avec le minimum de travail et de temps.

Il est à remarquer que le jeune homme, l'étudiant doué d'une bonne mémoire naturelle, a sur ses camarades, moins bien favorisés que lui sous ce rapport, une véritable supériorité, grâce à laquelle, dans quelque branche d'étude que ce soit, il pourra mériter les félicitations de ses professeurs, obtenir des succès aux examens, dépasser ses camarades dans les concours, et cela avec beaucoup moins de travail que ceux-ci n'en auront dépensé pour arriver à un moindre résultat.

On peut donc dire que depuis les premières classes jusqu'aux écoles supérieures, l'élève ou l'étudiant qui saura bien utiliser sa mémoire, sera à même d'avoir toujours sur ses camarades un avantage prépondérant.

En outre, dans la plupart des professions et notamment dans les suivantes : Avocat, professeur, prédicateur, conférencier, acteur; dans les carrières scientifiques, commerciales ou industrielles, augmenter les ressources de sa mémoire, sera une condition de facile travail et de succès.

Les Tours de mémoire.

Les tours de mémoire peuvent montrer d'une façon générale les résultats extraordinaires que permet d'obtenir la bonne utilisation de cette faculté.

Un enfant de 10 à 11 ans connaissant bien la méthode peut exécuter les expériences suivantes :

Un certain nombre de personnes lui donnent une série de dates de l'histoire de France ou de l'histoire universelle, et l'enfant, sans hésiter, cite l'événement correspondant ; ou bien encore il suffit de lui indiquer l'événement pour qu'il en donne immédiatement la date.

Un jeune adepte quelque peu exercé pourra ainsi donner les dates de mille, deux mille, trois mille événements et même davantage.

Il pourra de même apprendre en quelques instants et retenir une série de 20 nombres dont chacun d'eux aura 25 ou 30 chiffres, tels que les suivants :

104 531 485 575 143 240 031 740 533 613
346 140 685 759 103 400 040 131 192 405

· ·

Un autre tour de mémoire : quelques personnes prononcent, ou donnent une liste de quarante noms ou mots différents, qui sont successivement appelés à haute voix devant l'enfant ; celui-ci est dès lors à même de les répéter dans l'ordre où ils ont été énoncés, de les nommer de nouveau dans l'ordre inverse, c'est-à-dire en commençant par le quarantième, de dire quel est le nom occupant tel ou tel rang, quel est, par exemple, le douzième, le vingt-cinquième, de donner les mots qui suivent ou qui précèdent tel ou tel numéro, et il peut répéter cette liste non-seulement immédiatement après l'avoir entendue, mais aussi au milieu ou à la fin de la séance ou encore le lendemain ou plusieurs jours après.

La même expérience peut s'exécuter avec un jeu de cartes ; il suffit que toutes les cartes d'un jeu soient appelées dans l'ordre où elles se trouvent pour que l'expérimentateur puisse les nommer de nouveau dans le même ordre, dire la carte qui se trouve à un rang quelconque qui lui sera désigné et ainsi de suite.

Une expérience analogue peut se faire avec un jeu de dominos.

Notons encore qu'il est possible par un tour de mémoire d'indiquer le jour correspondant à tel ou tel quantième de tel ou tel mois ou de telle année, c'est-à-dire de reconstituer instantanément le calendrier de l'année qui est désignée.

Un tour de mémoire fort surprenant consiste à numéroter tous les vers d'une tragédie française ou latine ou tous les vers de l'Iliade ou de l'Odyssée, et alors à pouvoir indiquer quel est le vers correspondant à tel ou tel numéro, dire quel était le vers précédent ou celui qui suivait, réciter la tragédie à rebours en commençant par le dernier vers, etc.

Du reste, les tours de mémoire peuvent être extrêmement variés et leur nouveauté et leur intérêt dépendent de l'esprit plus ou moins ingénieux de celui qui les exécute.

Bien que quelques-unes de ces expériences n'aient qu'une utilité contestable, il est cependant à remarquer qu'aucune mémoire livrée à ses propres forces ne parviendrait à les répéter.

Or, ce qu'il est possible d'obtenir dans un but de curiosité, dans le but d'intéresser ou d'exciter la surprise du
spectateur, peut être obtenu en vue de l'instruction, soit
pour acquérir une quantité de connaissances beaucoup
plus considérable que celle que l'on confie d'ordinaire à la
mémoire, soit pour assimiler facilement les études qui
nous sont imposées par les programmes des concours et
des examens.

L'Art d'aider la Mémoire s'applique notamment
aux études suivantes :

Études des textes en prose et en vers. — Comment on
peut apprendre rapidement un texte, une leçon, un discours une pièce de théâtre.

Étude des mots et règles des langues étrangères.

Étude des dates et faits chronologiques tels que : dates
de l'avènement ou de la mort des souverains. — Durée des
règnes. — Dates des évènements historiques : guerres, ba-
tailles, traités de paix. — Dates de la naissance ou de la
mort des grands hommes. — Dates des découvertes ou
inventions, — Chiffres et données statistiques. — Superfi-
cies, population des États et des villes.

Hauteur des montagnes ou des monuments. — Longueur des fleuves. — Données et faits relatifs aux sciences
physiques : densités, points de fusion ou d'ébullition, équi-
valents chimiques, propriétés des corps, caractères, formules, lois diverses.

Données mathématiques : principes, raisonnements,

démonstrations, formules, énoncés, nombres divers : comment on peut retenir des nombres de cent chiffres, tables de multiplication par deux ou trois chiffres, table des carrés ou des cubes, logarithmes usuels. — Calcul mental.

Etude du droit : Comment on peut retenir le numéro de l'article du Code, l'ensemble d'un texte, délais légaux, distances, amendes, condamnations.

Comment on peut apprendre rapidement les classifications. — La classification botanique et ses divisions. — Classification zoologique. — Classifications diverses.

Comment il est possible de savoir un livre après une seule lecture. — Un discours après une seule audition.

Tours de mémoire.

———

Parmi le compte rendu de « l'Art d'aider la Mémoire » donnés par les grands journaux de Paris et les Revues et journaux d'éducation nous citerons le suivant :

« Dans cet ouvrage, M. Guyot-Daubès, après avoir montré que la mémoire a encore et aura toujours un rôle prépondérant dans les études, dit qu'en travaillant avec méthode et intelligence au lieu d'étudier mécaniquement il est possible d'abréger considérablement le temps et les efforts nécessaires pour arriver à un résultat donné.

« En un mot, qu'il est presque toujours aisé d'apprendre mieux et avec moins de travail que l'on ne fait ordinairement.

« Il indique ensuite les procédés d'étude, à l'aide desquels on arrive à apprendre rapidement une leçon, un texte, un discours, une pièce de théâtre.

« Comment il est facile d'apprendre et de retenir indéfiniment, les dates, les nombres, les données numériques quelconques, des nombres de cent chiffres par exemple.

« Comment on peut rapidement apprendre, les langues étrangères, les sciences physiques et naturelles, le droit, etc.

« Comment il est facile d'exécuter des « prodiges » de mémoire et de calcul mental...

« Ce livre s'adresse à tous ceux qui étudient, à tous ceux qui apprennent, aux jeunes gens, aux adultes comme aux enfants.

« Posséder une bonne mémoire est une condition si favorable au succès dans la vie, qu'un ouvrage nous indiquant ce qu'il faut faire pour bien utiliser notre mémoire naturelle et en augmenter, en somme, la puissance, est à même de rendre à chacun les plus réels services. »

(L'Esprit pratique).

L'Art d'aider la Mémoire, un vol. in-18 de 244 pages, avec figures. — Prix, 3 fr. 25.

Envoi franco contre mandat, timbres ou bons de poste, au nom de M. P. Guyot. — *Bibliothèque d'Éducation attrayante.*

100, Boulevard Montparnasse. — Paris.

(Envoi franco à Paris contre remboursement.)

LA MÉTHODE
DANS L'ÉTUDE

ET DANS LE TRAVAIL INTELLECTUEL

COMMENT ON PRÉPARE UN EXAMEN

Un volume in-18 de 226 pages. — XXIX chapitres
Prix, relié toile, titre or, **4.50.** *— Broché,* **3.25**

Dans l'éducation, à quelque degré qu'on la considère, le travail personnel, la lecture, la recherche dans les livres, tiennent une place des plus importantes.

Il est donc utile de savoir étudier, de savoir apprendre, de suivre en un mot une méthode de travail qui rende nos études fructueuses et nous permette de bien employer le temps dont nous disposons et la somme d'efforts que nous pouvons donner.

Il n'est, en effet, personne qui, parvenu à un certain âge et ayant beaucoup étudié, n'ait reconnu avoir gaspillé un temps considérable de son existence en efforts inutiles, en travail perdu, travail fait sans aucun profit intellectuel par suite du manque de méthode.

Les jeunes gens, durant leurs classes, sont pour ainsi

dire, constamment à la recherche d'une bonne méthode de travail. Aussi il n'est guère d'entre eux qui, en vue de bien utiliser les heures d'étude, n'aient essayé d'apprendre de telle ou telle façon et n'aient fait un grand nombre d'expériences à ce sujet.

Dans le but d'étudier fructueusement, chacun en effet, imagine des théories, des procédés infaillibles, découvre des principes, ou en abandonne d'antérieurs.

Cette recherche d'une méthode et de moyens efficaces pour apprendre seul, pour étudier en dehors des leçons du professeur, sous sa propre direction, se rencontre non seulement chez l'élève du lycée, mais aussi chez l'étudiant, chez l'élève des écoles spéciales, chez l'adulte, aussi bien pour les études imposées que pour les études volontaires. On peut même dire que l'on sent d'autant plus la nécessité d'une bonne méthode de travail, que l'on a précédemment plus travaillé et plus étudié.

Dans les professions intellectuelles, professions libérales ou scientifiques, celles dans lesquelles, l'acquisition des connaissances nouvelles se poursuit à l'âge adulte et même dans la vieillesse, le désir d'économiser le temps et les efforts est constant et la préoccupation du perfectionnement de la méthode de travail qu'on emploie ne cesse jamais.

L'expérience, dans ce cas, s'acquiert bien lentement, et celle acquise grâce à une longue pratique de travail, rarement profite aux nouveaux venus.

....

C'est à la recherche ou plutôt à l'indication raisonnée

de cette méthode à suivre dans le travail intellectuel qu'est consacré cet ouvrage.

Parmi les principales questions traitées nous signalerons les suivantes :

— L'attrait dans les études. — L'attention. — Des moyens de commander son attention.

— L'émulation et l'exemple dans l'éducation personnelle. — L'entretien du souvenir.

— La lecture au point de vue de l'acquisition cérébrale. — Du choix des livres. — L'éducation visuelle et auditive. — Les leçons de choses dans l'enseignement secondaire et supérieur.

— La photographie, le dessin, les projections.

— Travail du soir. — Travail du matin. — Cas dans lesquels l'un ou l'autre est préférable.

— Quelle écriture doit-on adopter pour arriver au maximum de rapidité joint à une lisibilité suffisante ?

— Comment on peut prendre des notes complètes au cours.

— La valeur du temps. — Le coefficient des études.

— La méthode de travail de quelques hommes célèbres : savants, orateurs, écrivains.

Dans la partie relative plus spécialement à la préparation aux examens, se trouvent traités :

— La préparation accélérée. — Des moyens de regagner le temps perdu.

— La révision des études. — Un procédé rapide.

— Du régime à suivre dans le travail hâtif pour éviter l'engourdissement cérébral.

— Le dernier effort. — Fatigue profitable et fatigue inutile.
— Quelques procédés de travailleurs. — Les derniers jours.
— Les succès inespérés.

Comme on peut le voir par cet aperçu, les questions traitées dans cet ouvrage intéressent non-seulement les jeunes gens ayant à passer des examens, mais elles ont une importance plus générale.

Elles concernent, en somme, tous ceux qui ont à se livrer à des études, soit volontaires soit imposées.

On peut dire qu'elles ont été l'objet des préoccupations de tous les travailleurs et qu'il n'est aucun d'eux qui n'ait songé à leur solution. C'est cette solution, disons-nous, que présente M. Guyot-Daubès.

Chacun trouvera donc dans son ouvrage, l'étude de sujets qui l'intéressent et certainement d'utiles conseils.

———

Envoi franco, contre mandat, timbres ou bons de poste, au nom de M. P. Guyot. — *Bibliothèque d'Éducation attrayante.*

100, Boulevard Montparnasse. — Paris.

(Envoi à Paris contre remboursement.)

———

SOUS PRESSE — POUR PARAITRE PROCHAINEMENT —

PHYSIOLOGIE ET HYGIÈNE

DU CERVEAU, DE LA MÉMOIRE

ET DU

TRAVAIL INTELLECTUEL

Un volume in-18. — Figures

Prix, relié toile, titre or, **4.50**. — *Broché,* **3.25**

PRÉFACE

Il semble qu'une condition élémentaire d'une bonne utilisation de nos facultés intellectuelles est de connaître le mécanisme de leur production dans l'organe qui leur donne naissance, autrement dit dans le cerveau.

Jusqu'à présent ces études étaient du domaine de la physiologie technique, et ne pouvaient être abordées fructueusement qu'à la suite d'études préalables fort longues, se rapportant à la médecine ou à l'anthropologie.

Il nous a paru intéressant de les présenter sous une forme moins abstraite que celle des traités spéciaux ; de plus nous avons insisté sur les applications qu'on peut en déduire relativement aux fonctions cérébrales, la pensée, la mémoire, le raisonnement, le calcul.

Par ce genre de recherches on donne aisément une base positive aux sciences d'ordre psychologique qui jusqu'à une époque récente n'avaient qu'une base arbitraire de sentiment, d'opinion et d'estimation.

Parmi ces sciences, nous citerons en premier lieu celle de l'éducation : la *pédagogie*, soit qu'on l'applique à l'enseignement d'autrui ou à l'éducation personnelle.

C'est donc au point de vue de l'éducation, du travail et de la production intellectuelle, de la mémoire dans les études et dans la vie usuelle que nous étudierons plus particulièrement la physiologie et l'hygiène du cerveau.

Notre travail comporte notamment les divisions suivantes :

— Théories anciennes sur la mémoire. Mémoire physiologique. Mémoire organique et mémoire cérébrale. Les cellules du cerveau. La circulation du sang.

— Diverses sortes de mémoires. Les aptitudes. Facultés cérébrales. L'entraînement intellectuel. L'enchaînement des idées.

— Les mémoires insuffisantes. Des moyens propres à développer la mémoire et l'intelligence des enfants. La mémoire des adultes.

— Les accidents de la mémoire, chagrins, chutes, préoccupations. Travail excessif.

Le surmenage intellectuel, chez les enfants et les adultes. Des moyens d'y remédier.

———————

Un volume in-18, figures : Prix, 3 fr. 25

Envoi franco contre timbres, mandats ou bons de poste au nom de M. P. Guyot. — *Bibliothèque d'éducation attrayante.*

166, Boulevard Montparnasse. Paris.

(Envoi à Paris contre remboursement).

L'ÉDUCATION PHYSIQUE

PHYSIOLOGIE DE LA FORCE

ET DE L'ADRESSE

LES HOMMES PHÉNOMÈNES :

Hercules anciens et modernes. — L'entraînement. — Marcheurs et Coureurs. — Marches militaires. — Sauteurs. — Les Nageurs. — Plongeurs. — Les Gymnastes. — Les disloqués. — Exercices d'adresse. — Les Tireurs. — La chasse. — Les Trappeurs américains. — Chasseurs favorisés. — Le tir militaire. — Les concours de tir. — Les Sociétés françaises. — Comment on devient habile tireur.

Un volume grand in-8o, de 300 pages, 62 gravures et 2 planches. — Faisant partie de la Bibliothèque de « la Nature ». Richement relié. Fers spéciaux. Tranches dorées. Prix, 0.75.

« Dans cet ouvrage, M. GUYOT-DAUBÈS décrit non seulement les actes extraordinaires accomplis par les spécialistes de la force et de l'adresse, mais il montre la préparation qu'ont dû subir ces individus; le travail, l'entraînement auxquels il doivent se soumettre, le régime qu'ils doivent suivre.

C'est un des côtés des plus pittoresques et des plus curieux de la physiologie humaine.

Les jeunes gens s'intéressent généralement beaucoup aux prouesses de force, d'agilité et d'adresse. Ils trouveront dans cet ouvrage une étude très complète et très attrayante des merveilleux exercices qui parfois ont provoqué leur curiosité ou leur admiration. »

Ce volume, en raison du soin de son impression, de ses nombreuses et magnifiques gravures et de sa reliure de luxe, constitue un superbe cadeau d'étrennes, de récompense ou de souvenir qui sera des plus appréciés par le jeune homme auquel il sera offert.

De plus, mieux que tout autre, il peut être donné comme prix de gymnastique dans les établissements d'éducation ou par les sociétés.

Contenant une étude approfondie sur l'adresse des tireurs, il est indiqué pour faire partie des récompenses décernées par les sociétés de tir.

Envoi franco contre timbres, mandats ou bons de poste, au nom de M. P. Guyot. — *Bibliothèque d'éducation attrayante.*

166, Boulevard Montparnasse. — Paris.

(Envoi à Paris contre remboursement.)

www.ingramcontent.com/pod-product-compliance
Lightning Source LLC
Chambersburg PA
CBHW072101090426
42739CB00012B/2834